中国制造系列
MADE IN CHINA

谁是"中国制造的脊梁"
一个向"中国创造"冲刺的团队

赢在深圳

陈志列的研祥创业之道

樊荣 编著

深圳出版发行集团
海天出版社

图书在版编目（CIP）数据

赢在深圳：陈志列的研祥创业之道 / 樊荣编著 . —深圳：
海天出版社，2008.10
　（中国制造系列）
　ISBN 978-7-80747-344-2

　Ⅰ.赢…　Ⅱ.樊…　Ⅲ.①陈志列—生平事迹②电子计算
机工业—工业企业管理—经验—深圳市　Ⅳ.
K825.38　F426.67

　中国版本图书馆CIP数据核字（2008）第128423号

赢在深圳：陈志列的研祥创业之道

YINGZAI SHENZHEN: CHENZHILIE DE YANXIANG CHUANGYE ZHIDAO

出 品 人　陈锦涛
出版策划　毛世屏
责任编辑　许全军
封面设计　海天龙
责任校对　张　玫
责任技编　钟愉琼

出版发行　海天出版社
地　　址　深圳市彩田南路海天大厦　（518033）
网　　址　www.htph.com.cn
订购电话　0755-83460137（批发）　83460397（邮购）
设计制作　深圳市海天龙广告有限公司　Tel:83461000
印　　刷　深圳市佳信达印务有限公司
开　　本　787mm×1092mm　1/16
印　　张　11.5
字　　数　150千
版　　次　2008年10月第1版
印　　次　2008年10月第1次
印　　数　1-8000册
定　　价　35.00元

contents

目录

上篇 研祥精神

> "创造"是人无我有，"制造"是我有人也有。
>
> 如果是"中国制造"，就一定会被打败；如果是"中国创造"，就一定不败。
>
> 研祥以"中国创造"立业，坚持走自主品牌之路，为强盛中华冲锋在前。
>
> 研祥在科研、生产、营销、销售、管理等许多环节中都融入了研祥机制，体现了研祥精神，并立下青天之志，誓做中国制造的脊梁。

1

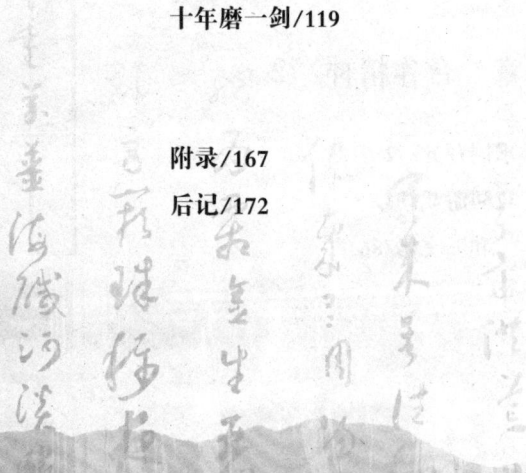

研祥商道 **下**篇

所谓"商道"，就是指商业道德和道法。研祥的商道是以全员的参与为本，以提升每一位员工为目的。做事做人，借事修心，让每一位员工的生命价值得到最高的体现，让生命的本质得到最大的悟化；让研祥成为中国的，也成为世界的；让中国制造早日成为中国创造。

序 一

挑起中国制造的脊梁

每年岁末，都会迎来CCTV中国经济人物年度评选的一场盛典，而最终的获奖者也会吸引国内外公众和媒体的强烈关注，"一榜知天下"。从某种意义上讲，中国经济人物年度评选活动已经成为我国经济发展的风向标。

2007CCTV中国经济人物年度评选活动的口号是"寻找中国制造的脊梁"，并以"推动力、责任、创新"作为年度经济人物的最终评选标准。活动通过"年终评点"，勾勒出优秀中国企业家的恢宏群像，表彰一批有力推动"中国制造"，并在全球市场扎根的中国企业。

在各个媒体的大力推荐和众多评委的层层筛选下，2007年度经济年度人物评选结果浮出水面——深圳研祥集团董事局主席陈志列榜上有名，陈志列除斩获"中国经济年度人物奖"外，又获"中国经济人物评选年度创新奖"。

研祥集团成立于1993年，是中国特种计算机领域集研究、开发、制造、销售和系统整合于一体的高科技企业集团。研祥立足自主研发、自主创新，产品技术完全拥有自主知识产权。由研祥打造的"EVOC"品牌，已经成为行业知名品牌和领先品牌。

自2000年起，研祥在中国特种计算机行业已经名列前茅。

2004年，中国社科院工业经济研究所、WTO研究中心和中国经营报社共同组织对香港上市公司H股进行竞争力指数排名，研祥综合指数排第九名，效益指数排第七名。

研祥目前是国家火炬计划重点高新技术企业、国家规划布局内重点软件企业、中国企业信息化500强。产品被列入国家重点新产品和国家火炬计划项目，并多次获得科技进步奖。

陈志列和他的研祥集团肩载着从"中国制造"到"中国创造"的光荣和梦想，成为万众瞩目、中国人为之骄傲的民族品牌。

研祥集团以创新为矛，以技术为盾，在市场竞争激烈的今天，经过短短15年的发展脱颖而出，这其中有何诀窍？

现在，我们就带着好奇和思考，去寻找一个真正的研祥，一个真正的陈志列……

作　者
2008年7月于深圳

15载一直保持奔跑的姿势

1993年，陈志列毅然辞去原来的工作下海创业，创办了研祥公司。"回想起来，我感觉那时是邓小平同志南巡形成的巨大浪潮推我下海的。如果没来深圳，如果不是1992年邓小平南巡，可能就没有现在的研祥。"陈志列心怀感激地说。

现在的研祥是我国特种计算机行业排名第一的企业。用陈志列的一句话来形容："这个第一就是指研祥在国内市场上与海内外同类型企业共同竞争15年的结果，也是研祥15年来所走的一条不平凡的创业路。"

目前，研祥在中国有32个全资机构，并设立了深圳、北京、上海、西安四个研发中心。其产品涉足中国全行业，几乎所有的行业都要用到研祥的产品，比如农业、工业、通讯、银行、交通、能源、互联网等等，但对于"研祥"这个名字，除了业界人士，很少有人知晓。

因为这个行业太专业了，已经超离了大众的视线。因为研祥的产品特点是嵌入式，是设备的"芯"，人们从外观看不到研祥的标志，也很少直接接触其产品。可是这个行业又与人们的生活与工作息息相关，研祥成为人们视线之外的幕后英雄。15年的发展，也让研祥当之无愧地成为行业内的隐形冠军。

比如说中石油或中石化每个加油站都配备智能化设备，这个设备的大脑和心脏都是研祥的产品；人们到ATM柜员机上取款，其ATM柜员机的控制计算机就是研祥研发并生产的；人们开车行驶违章，把人们违章那一刻拍摄下来的计算机也是研祥造的。

……

真的可以这样说，每当我们看到一个大型智能化、自动化、信息化的科技设施时，隐藏在里面的"头脑"或"心脏"就是研祥产品。

当人们面对研祥的辉煌成就时，都为研祥人用短短15年时间赢得的成果而惊叹，都为研祥创造的民族品牌而自豪，同时也为研祥的成功而庆幸。

一个企业一般会经历创业、守业这样的过程，而陈志列却认为："对于研祥来说，15年来，我们没有守过业，我们一直在创业，因为我知道守是守不住的；对于特种计算机这个行业来说，每个月研祥都必须要推出新的产品，而且要根据市场的情况、外部环境的情况、政策的情况不断地自我调整，包括组织架构、人员、管理、生产、研发……"

在陈志列的眼里创业永无止境，他和他的团队一直坚强地跋涉在创业的途中。也许正因为陈志列的这种创业精神，使得研祥人在努力奋斗，完成工作任务的同时，有了一份创业的意识，有了一份对创新的更好诠释。对于未来，陈志列和他的团队永远保持着奔跑的姿势。

在创业之初，陈志烈打算赚了钱后和兄弟们开着越野车去西藏休闲一下。可四年后，他已小有成就时，又放弃了这样的想法，他感觉不应该松懈，应该加速度奔跑，就像刘翔跨栏一样，这个栏跨过了，就跨下一个栏。这种理念也许并不是陈志列刻意表现出来的，而是一个民营高科技企业对于国家在新时期发展下的一份责任。

一个时代需要发展，那么这个时代的领导人一定要运筹帷幄，把握经济发展的脉搏，而对于一个需要发展的民营高科技企业来说，其运营的关键就像陈志列所说的两个字："创新！"没有其他路可以走，也没有任何一个词可以形容一个民营高科技企业为什么会成功。

研祥生产的产品在同行业产品中独占鳌头，这就是研祥人不断创新的结果。

正如陈志列所说："不创新我们怎么办？我们所处的行业，与其他行业是不同的，耐克鞋卖100美金，那我做出来一样的，40美金就有人买，而如果研祥做出的产品是已有的或不如别人的，他们卖100美金，我可能卖20美金都没人去买，所以我们一定要做出比他们领先的产品，只有这样你才有市场！你才有定价权！所以说，高科技民营企业除了创新没有别的路可以走。当然，这个创新不仅仅是技术和产品的创新，还有管理的创新，企业文化的创新等等方面，创新是一个全方位的过程。"

如今的研祥，拥有的不是昨日辉煌，而是"雄关漫道真如铁，而今迈步从头越"的豪气。正是这种激情，这种精神，使得目前排在国内市场第一位、全球市场第五位的研祥，设定了一个宏伟目标：2017年成为全世界特种计算机行业的NO.1。

作　者
2008年6月15日于深圳

序二

研祥精神

「创造」是人无我有，「制造」是我有人也有。

如果是「中国制造」，就一定会被打败；如果是「中国创造」，就一定不败。

研祥以「中国创造」立业，坚持走自主品牌之路，为强盛中华冲锋在前。

研祥在科研、生产、营销、销售、管理等许多环节中都融入了研祥机制，体现了研祥精神，并立下青天之志，誓做中国制造的脊梁。

第一章

以中国
创造立业

❶ 一个创业故事

➷ 西安行

1989年，陈志列大学毕业。刚出校门的少年书生有幸被分配到中国航空工业设计院下属的一家做电脑控制工程的"国有"合资公司，这种结合国家任务和民间个人行为的"合资企业"在当时的经济模式下为数不多。

陈志列所任职的这家企业身兼研发和销售职能，一方面承接国家委派的相关电脑控制系统的开发工作，同时也代理着中国台湾嵌入式品牌的销售业务。

那时的陈志列既当工程师，又做业务员。由于工作成绩突出，陈志列在单位领导的眼里是一个技术过硬，软件、硬件全能，聪明又勤奋的好青年。

当时，陈志列年仅26岁。他或许没有想到，自己的工作经历竟成为他日后纵横工控行业的宝贵财富，正是当初这个职业，决定了他若干年后给中国工控市场的格局带来了新气象、新变化。

凭着吃苦耐劳的韧性和业务上的钻研精神，1990年，陈志列被领导委派到古城西安去开拓新市场，而且只安排了陈志列一个人前往。

由于公司所销售的产品都是工业控制用计算机，用的都是很笨重的金属机箱，每一个机箱都有10多公斤重，为了给公司节省开支，陈志列既没有办理托运，也没有买卧铺车票，二话不说就抱着两个机箱和一大包的资料上了火车。

陈志列一路颠簸来到西安，下车后都没来得及休息，就开始了他的业务工作。在西北工业大学的食堂里，陈志列一个人面对100多位用户和代理商，成功地召开了一场"IPC（工业控制计算机）产品交流会"。

凭借出色的口才和扎实、专业的技术讲解，陈志列让整个西北的工控行业一夜之间认识了他和他所代表的公司，订货单纷至沓来。直到十几年后的今天，很多当时的经销商们仍然和他有着很好的业务合作。

陈志列古城走单骑的魄力，使老领导对这个不知疲倦、锐意进取的年轻人更加充满了期冀，同时也给陈志列提供了更为广阔的成长空间。

🐾 拼搏在深圳

1991年，陈志列凭借出色的业绩被外调深圳工作。

此次外调与以往不同，这一次是被借调到与公司合作的台资企业，意在巩固其刚刚设立在深圳的分公司。这家台资企业指名要求公司提供最优秀的业务人员和技术人员前往，而符合这一要求的最佳人选就是陈志列。

独自来到深圳的陈志列，租了一间简陋的农民房住了下来；重新开始了艰难的打拼。一年多下来，一米八几的大汉被折磨得体重不足130斤。

面对前去看望他的老领导，陈志列坚持说："我在锻炼'减肥'。"可是，当领导提出要去他的"宿舍"参观一下时，陈志列却坚决拒绝了。就这样，一个人在深圳坚持了一年多的时间，陈志列终于病倒了。

在病床上，陈志列开始反思自己的来时路：台资企业待遇虽好，但是对于人才成长却有着太多的限制。陈志列总感觉到自己头上有一块大石头压着，似乎怎么也长不高。

经过这几年跟用户的接触，他已经熟悉了中国工控市场的状况。多年的市场打拼虽然满足了一时的温饱，但对于国内的工控用户而言，始终无法解决受制于人的现状。

如果不能突破技术的瓶颈，用户只能被动接受国外的二流技术，中国工控产业落后的现状就永远无法改变……

在陈志列的内心深处有一种强烈的民族意识在萌动，他希望为中国做点什么。

病愈后的陈志列大胆地做出了一个决定——自主创业。

陈志列要辞职创业的想法刚一抛出，反应最为强烈的首先是他的父母和家人。在当时那个年代，大学毕业后进入国家科研机构，并且成为当时最年轻的科研干部，是多少年轻人梦寐以求的愿望，更何况企业还提供给陈志列优越的学习机会和巨大的发展空间。不到30岁的年纪就要辞掉公职，在陈志列的父母及家人看来：他简直太疯狂。

陈志列的父亲、母亲、岳父、岳母四位老人联名反对，并一起找到他的单位领导，恳求领导劝阻他不要去冒险。爱才心切的老领导带着四位老人的厚望与陈志列展开了一次彻夜长谈。

在了解了陈志列创业的决心后，老领导最后提出了一个折中的建议："你如果愿意创业也可以，单位可以考虑在深圳成立一个分公司，创业收益你与公司分摊，风险算在公司的账上，即便你创业失败也还可以继续做公司的业务骨干。"领导要陈志列回去再慎重考虑一下，如果真的下定决心，单位也不会强人所难。

第二天一早，满眼血丝的陈志列敲开了老领导的房门："我已经决定了自己单独创业，不能给自己留下任何后路，没有破釜沉舟的勇气就不可能取得成功。"

事实证明，机会只留给有准备的人，成就只属于有信心的人。

研祥初创

创业可不是凭一股子热情就可以顺风顺水，能成功创业更是难上加难。当时创业的陈志列还是一个毫无背景的穷小子，他到哪里去筹集创业资金呢？

想来想去，最后他决定先从代理做起。

1993年，陈志列在深圳正式注册成立了研祥机电实业有限公司，专营嵌入式产品的代理销售和技术开发。

创业伊始，陈志列便为自己的企业规划未来。当时，面临着是选择刚刚兴起的北京中关村科技园作为创业基地，还是选择改革开放的窗口城市深圳作为大本营的问题。

几经权衡和抉择，最后他选择了深圳。

陈志列心里清楚，自己的目标是进入国际市场，北京固然是中国的首都，但如果选择深圳，不但可以在厂房、人力、商业环境等方面都得到政策的强力支持，而且当公司做大之后，还可以通过香港打开一扇面向海外的方便之门。

经过时间的验证，最终的结果确定他的想法是正确的。

凭借丰富的市场经验和专业的技术知识，陈志列平稳运营了4年。在这4年里，研祥公司在中国工控领域已经羽翼渐丰，此时的陈志列不再满足于单纯的代理商角色，开始着手自创"EVOC"产品和品牌。

实际上，那时的陈志列已经是一位比较成功的商人，但他把目光放得更远。

"当时钱已经赚得够多了，在刚下海的时候，我计划着赚钱之后和兄弟们一起开着越野车到西藏玩玩，但在创业过程中这个想法逐渐转变了，我感觉等待我们做的事太多，应该用最快的速度研发自己的产品和品牌。经过仔细考虑后，我把投资自主研发的想法在公司集体会议上公布了出来，令我没有想到的是，研祥领导团队全部举手通过。"若干年后的今天，当陈志列提起这个关键转折点的时候，显得非常欣慰。

在第一次投资中，研祥就注入了3000万元搞研发，这对于刚刚取得成功的陈志列而言无疑是一场"豪赌"。按照陈志列自己的说法："当时仅留下了自己的基本生活费，其余的钱全部用于产品研发投入方面了。"

嵌入式行业综合了多种专门技术的产品开发，对技术的要求非常高。很多和研祥同时期、同类型的企业都因为这个原因而中途退出。但是，陈志列没有退缩，因为他坚信："把难做的事情做好就有钱赚，而且会有较高的利润率。"

正是凭借这种信念，支撑着陈志列和他的研祥公司一路走到了今天，并且建立健全了中国最强大的嵌入式技术研发中心，备受业界瞩目。

❧ "祥龙1号"诞生

1998年，研祥成立了产品研发部，开始边开发边销售自己的产品。与此同时，取代了一些OEM产品。第一步是兼容性的阶段，从兼容性做起，是因为当时竞争对手在这方面进入得较早，研祥可以有很多借鉴和学习的地方，进而缩短开发周期。PCI总线几乎是与竞争对手同步的，所以研祥完全按自己的模板来做。

1999年底，研祥开始进入主板生产，并且于2002年在国内率先推出P4级工业主板：祥龙1号。

从90年代到2000年这段时间，整个国内市场份额更是以40%的速度高速增长。陈志列和他率领的研祥团队正是抓住了这个千载难逢的良机，挺过了艰难的创业阶段，快步进入春风沐浴的成长期。

从市场的角度来看，伴随着中国嵌入式产业的不断成熟和中国经济的不断发展，社会化大生产必然会要求嵌入式产业链携手共进、为市场提供科技领先和研发进度统一的产品。

2005年12月，研祥智能同国际知名IT企业英特尔公司签订了《英特尔－研祥智能嵌入式应用解决方案及产品和市场联合开发一揽子协议》，代表着研祥智能将与国际顶尖嵌入式供应商共同打造中国嵌入式产品市场的第一品牌，并成为唯一在技术应用领域达到国际水平的中国企业。

以资本作为物质条件、以敏锐而冷静的市场嗅觉作为催化剂，陈志列和他的研祥公司成功了。目前，研祥公司以深圳、北京、上海、西安为研发基地，下设九个实验室，销售网点遍布全国。

陈志列说："我没有什么秘诀，如果有，唯一的秘诀就是我舍得付出成本。我愿意支撑中国最大的嵌入式研发队伍，如此，研祥的产品怎么可能不是最先进的呢？"

❧ 成功上市

经过10多年的积累，陈志列带领着研祥公司已经逐渐在国内工控行业表现不俗，研祥"EVOC"嵌入式产品也曾多次荣获"国家科技进步一等奖"，并成功入选"国家火炬计划"。

与其他民用IT行业相比，工控机产业技术门槛高、无序竞争少，加之研祥在国内市场龙头地位的确立，很多人认为，他可以高枕无忧地赚钱了。但陈志列否定了这种想法，他认为即使现在领先，后起之秀的汹涌来袭也是迟早的事情，他不敢怠慢和松懈。

陈志列认为，在中国，可以说目前研祥已经没有担忧的对手，但这并不代表以后没有。在当今的资本时代，最具威胁的竞争很可能并不来自于国内市场。新的国际资本"大鳄"很有可能会以收购、兼并的形式出现，或者干脆对研祥进行斩首式收购。而这些是他不愿意看到的，他要未雨绸缪。

2000年，研祥对公司组织结构、市场运作做了重大调整，将进一步提高产品品质和以市场为导向作为公司发展的重点，以此完成了公司股份制改造，公司全称也更改为：深圳市研祥智能科技股份有限公司。

2003年10月10日，研祥智能科技股份有限公司，在香港成功上市，股票交易代码为8285。

研祥股票以计划的上限价格，获得了数倍的超额认购。同时，研祥也成为国内工控领域独此一家在海外上市的企业，陈志列和他的研祥公司实现了第一次飞跃。

但陈志列说，"现在，当初的目标大致达成，而我又感到无聊了，我得设定下一个10年的目标——让研祥的'8285'号股票成为香港'恒生指数成分股'，并让研祥的产品打入国际市场。"

陈志列信心坚定，目光长远。

2 民族精神永不倒

《易经》云："天行健，君子以自强不息。"意指自然运行刚强劲健，君子应像天一样，顺道而为，发愤图强，永不停息。

"自强不息"是中华民族得以生存发展至今的根本，是激励一代又一代的中国人力求上进的传世法则。

中国是四大文明古国之一，有5000年光辉灿烂的文明史，可以列举的，关于中国人"自强不息"，并取得进步的例子太多：

中国有四大发明，为人类文明发展带来了飞跃性的进步；中国人在最困难的时期凭借自己的力量造出"两弹一星"，让西方强国刮目相看；中国人用榔头在一个月内敲出新中国第一辆"红旗"轿车，而且V8发动机、自动变速箱、助力转向、空调等高档车必备的配置一应俱全。

这些精彩的故事背后折射的正是一种"自强不息"的民族精神，这种精神代代相传，在人类的历史进程中，各行各业都有英雄出现，令天下不敢小看中国。

"自强不息"的民族精神随着时代的进步，彰显着时代的烙印，不论是农业时代或者工业时代，抑或如今的科技信息时代，"自强不息"的民族精神如巨大的推手，激励中国人不断向前。

在如今的时代，世界各国用经济争衡座次，企业家一族走上历史舞台。

国力的竞争就是经济的竞争，经济的竞争就是企业的竞争，企业的竞争就是企业家的竞争，企业家的竞争就是企业家精神的竞争。

自上世纪80年代以来，企业家精神和专业精神是同等重量级的商业词汇。如今，当代中国企业家的评选标准则更多地侧重"创新"和"责任"。

"2007CCTV经济人物年度评选"的口号是"寻找中国制造的脊梁"，并以"推动力、责任、创新"作为本年度经济人物的最终评选标准。

深圳研祥集团董事局主席陈志列榜上有名，陈志列除斩获"中国经济年度人物奖"外，又获"中国经济人物评选年度创新奖"。

陈志列的荣耀和功绩代表着中国企业家。在他的身上，让我们领略了自强不息、发愤图强、勇于进取的民族精神。

在现代的中国，构造了一个全新的等式，即：企业家精神=民族精神。

对于中国的企业家而言，"责任"、"创新"背后需要"民族精神"的支撑。

时间追溯到1993年，研祥成立初始。

一间房，三五人，代理着七八款工控产品。

10年之后，研祥蝶变。实现了由工控产品的销售代理，到国内最大的EIP（Embedded Intelligent Platform嵌入式智能平台）产品领军品牌；从跟进式生产到拥有自主知识产权的规模化产品研发及制造；从单纯的技术引进到引领国际先进EIP技术潮流；从一个名不见经传的小公司到股票坚挺的上市公司；从无名一隅到盛名天下。

研祥成立之初，就与很多类似的无明显生存忧虑的小公司性格不同：研祥的成长饱含着陈志列这位英雄狂热的梦想——成为"中国创造"的脊梁，并一直驱动着研祥冷静而又超速的发展！

只要梦想在，一切皆有可能。

今天，再次品读陈志列的梦想，可以确切地感知到，正是"致力于发展民族工控产业的社会使命感和责任感"这个执着的信念，成就了今天的"民族英雄"。

1993年，陈志列凭借在行业内摸爬滚打十几年积累的经验，他敏感地觉察到：EIP（嵌入式电脑）在当时的中国是一个非常具有潜力的朝阳产业。于是，而立之年的陈志列从台资企业里毅然辞职，放胆创办了深圳市研祥智能科技有限公司，为自己设定了奋斗目标，目标聚焦在工控机领域，初步做起了工控产品的销售代理。

4年后，陈志列经历了一件事，进一步激起他的斗志，誓言要成为"中国创造"的脊梁。

"有一次，在德国，为了布置展会，我到一家商店里购买锤子当时售货员问我：'您是要质量好的还是质量一般的？'我说：'我要质量好的。'于是，售货员就告诉我：'那你不要买进口的，进口的质量不都是好的，只有国产的才是最好的！'这对我启发很大。在中国，大家普遍认为进口品牌要比国产品牌更具含金量，于是盲目地崇洋，造成了对国产品牌的不信任。于是，回国之后，我便立志要将研祥打造成为中国特种计算机的第一品牌，让民族科技走向世界，让国人为之骄傲！"陈志列每每追忆当年往事，便激动不已。

展会结束后，陈志列立即回到国内，他斗志昂扬地着手搞研发，自创品牌。从投入到这个行业的第一天起，陈志列带着偏执狂的信念，带领研祥团队专心而执着地始终做着一件事。

"嵌入式产业是我国与国际前沿高科技接轨最紧密的领域，不仅科研技术上盯得紧，而且产业化速度快，应用程度也高，竞争非常激烈。此外，作为民营企业，想要为中国市场提供属于自己的科技领先的嵌入式智能平台产品，研发自己的实力产品是最基本和最重要的事。我们多年前就开始进行产品研发，不断地更新产品，为客户带来利益。至今，我们依然专心而执着地做着这件事，这是研祥能够立足，并占有竞争优势，且得到社会肯定的根本原因。"陈志列如是说。

陈志列凭着认真而执着的精神，怀着创富济世的梦想，带领研祥员工走过10余年风雨路，不知不觉地建成了全亚洲最大的特种计算机研发中心，使我国在该领域内彻底摆脱了国外品牌的技术垄断，在各项自主创新的基础上不断带动产业跳跃升级，推动着中国行业经济向前发展。可以说，正是因为陈志列的执着和专注，在开拓进取中走出一条成功路。

近年，研祥产品已经在通讯、交通、铁路、烟草、金融、能源电力、煤矿安全、安防、博彩、医疗设备、工业现场等各行业被广泛应用，打破了进口产品垄断的格局，为中国产业实现自动化、智能化、信息化以及为国防装备实现更新换代、技术水平直超国外，其贡献有目共睹，业界赞不绝口。

中国电子信息产业发展研究院（CCID）曾经评论："研祥对于中国的IPC（工业计算机）事业，做出了巨大的贡献。就在中国用户无以回旋的时候，是研祥的奋起打破了这个闷罐和固有的格局。"

陈志列和他的研祥扛起了一杆抗战旗，冲锋在最前。

仅仅让研祥得到国人的肯定是不够的，让中国产品走进国际最先进的行列，让"中国创造"在世界争得一席之地，这才是研祥追求的最终目标，对于陈志列而言，接下来要做的事还有很多。

"当你想到一个品牌，就可能会想起一个国家，比如诺基亚（芬兰）、索尼（日本）、微软（美国）等，这些品牌在一定程度上可看成是一个国家的代表。而研祥（中国）就是我的奋斗目标。"陈志列对外界坦言。

"现在，我们研祥是中国第一，世界只排第七。这是打开门来说的话。但是不用担心，我们有强大的研发团队，有占竞争优势的先锋产品，有先进的技术。我们正在申请的专利超过200项，我们的员工35%以上是研发人员。我们每年投入占销售收入11%左右的研发经费，我们在不断强化我们的竞争力，并且我们一如既往认真而执着地做事，研祥的未来可以预见，我们的梦想可以实现！"陈志列言语铿锵，目光深远。

把企业家精神界定为社会创新精神，并把这种精神系统地提高到社会进步的杠杆作用的地位，当归功于德鲁克的倡导——"繁荣的、正常的不是处于静态平衡之中的经济，现代经济总是处于动态非均衡之中。各种理论、价值观念以及人类脑和手的全部产物，都会老化、僵化，会变得过时。因此，在社会与经济中，任何企业和个人都需要具有创新的企业家精神。"

陈志列，怀着光荣和梦想，在中国南方的一块热土上扛起一面"中国创造"的大旗！

研祥是中国的，也是世界的！

三 挺起不屈的脊梁

CCTV3推出了一个全新的娱乐节目——《想挑战吗》。挑战者全是一些奇人和牛人，看得在场的观众和电视机前的观众目瞪口呆。

有的挑战者可以用鼻子吹汽车轮胎；有的挑战者可以把成箱的可乐抛到4米多高的地方，120秒抛完40个；一个东北的小姑娘玩呼拉圈，一次转260个；居然还有两个人用手劈砖，看谁劈得多；一个小伙子表演轻功，在灯泡和鸡蛋上弄个滚轮，站上去后，再用嘴叼两桶水，坚持15秒……

给我留下印象最深的精彩节目要数"吹爆卡车内胎"，凡是看过的中国人，都应该有着非常深刻的记忆。表演此节目的主角，是一个肺活量极大的粗壮"老外"——主持人喜气洋洋地请来一个瑞士的大力士，犹如拳王泰森那样雄壮，肌肉发达，勇武有力。

当他对着一只巨大的汽车内胎，用嘴不断吹气，并如愿以偿地将其吹爆后，他随口便来了一句"Made in China"，场内顿时爆发出一阵会意的笑声，一旁见风使舵的主持人也不无巧妙地补充了一句："大力士可真幽默。"

在一片喜气洋洋、乐不思蜀的热闹中，让我们感觉到一丝苦涩和难看，这位大力士的本事无可厚非，吹爆汽车内胎更是真本事，可为什么，这位走遍世界进行商业表演的"牛人"，到了中国的土地上，偏偏要明确地"说明"这只内胎是中国制造的。

据《人民日报》华东新闻2004年10月11日报道，根据美国海关数据统计，2003年在美国口岸被查获的假冒产品中，来自中国的最多，占66%；第二位是中国香港占5%，第三位是墨西哥占4%。

13

第一章 以中国创造立业

近几年来，中国的出口产品中，良莠不齐、泥沙俱下、以次充好、以假乱真的恶意商业欺诈行为，更是由深受其害、见怪不怪的国内市场向海外蔓延，向具备更强烈的维权意识和成熟的消费心理的国外消费者狂销。

有事实为证：山东的"毒粉丝"事件，对中国的粉丝行业造成了近乎摧毁性的打击。

粉丝在生产过程中需要添加食用漂白剂，有些不法厂家为了增加防腐和漂白效果，竟然使用在食品工业中国家严禁使用的俗称"吊白块"的工业漂白剂，食用后对人体的肝脏、肾脏等有严重损害，并有生命危险，厂家虽降低了成本，却危害了消费者的生命。

"山东毒粉丝事件"公开后，一时间全国食品市场上闻"粉丝"而心颤。日本、新加坡、加拿大等海外媒体对此都有报道，致使我国龙口粉丝对这些市场的出口严重受挫，仅中粮山东公司蒙受的直接经济损失就高达1000多万美元。

……

"山东毒粉丝事件"给"中国制造"造成的影响远没有结束，近年来，什么"毒牙膏"、"劣质轮胎"、"含铅玩具"、"含抗菌剂的水产品"这些词汇，频繁出现在外国媒体上。

对中国这样一个正在崛起的发展中国家来说，制造业有着至关重要的意义。它既是硬实力的体现，又直接决定了中国在世界的形象。

改革开放以来，中国经济的发展在相当大的程度上是倚靠制造业的崛起，今后也依然要在相当大的程度上依赖制造业而发展。要想提升"中国制造"的信誉，"中国制造"必须狠练"内功"，提高质量，舍此别无他途。

在俄罗斯、日本、越南等一些与我国有着密切经济贸易往来的国家，中国的小商品几乎成了档次低、质量差、用过就扔的代名词。

凡此种种，既极大败坏了中国出口产品的形象，造成了经济利益方面的损失，也进而影响到中国的国际形象和华人在世界民族之林中的位置，害人害己，得不偿失。

从瑞士大力士所说的那句"Made in China"，到美国海关那组令人尴尬不已的数据，我们应该做深刻的反思：作为发展中的大国，国货无论是对己对外，都应严格要求、苦练内功、自我加压、精雕细刻、自强不息。

在业界，有一个"国货当自强"的故事被广为流传，被称为"重视质量意识"的楷模：

1985年，青岛电冰箱总厂生产的瑞雪牌电冰箱（海尔的前身），在一次质量检查时，库存不多的电冰箱中有76台不合格，按照当时的销售行情，这些电冰箱稍加维修便可出售。

但是，当时任厂长的张瑞敏当即决定，在全厂员工面前，将76台电冰箱全部砸毁。

一台冰箱当时的价格是800多元钱，而员工每月的平均工资只有40元，一台冰箱几乎等于一个工人两年的工资。员工们纷纷建议：将这批冰箱便宜处理给工人。

张瑞敏对员工说："如果便宜处理给你们，就等于告诉大家可以生产这种带缺陷的冰箱。今天是76台，明天就可能是760台、7600台……因此，必须解决这个问题。"

于是，张瑞敏决定砸毁这76台冰箱，而且是由责任者自己砸毁。很多员工在砸毁冰箱时都流下了眼泪，平时浪费了多少产品，没有人去心痛；但当亲手砸毁冰箱时，才感受到这是一笔很大的损失而痛心疾首。

从此，改变了员工对质量标准的看法。

随着海尔砸冰箱的事件广为流传，海尔的知名度一度蹿升，甚至成为"诚信、品质"的代名词。这给我们许多警醒，要提高"中国制造"的产品质量，提升"中国制造"自主研发的技术水平，树立"中国制造"的品牌，获得国际社会对"中国制造"的信任，我们必须突破以下几道关：

☞ 质量关

中国人做事有个不好的习惯，觉得"差不多就行"。但是，企业在生产制造过程中一定要杜绝这种"差不多"的思想，让低质量问题的产品尽可能少出现，甚至不出现。

能够屹立百年的企业，一定会自觉执行市场准入制度，质量监督抽查制度，产品出厂检验制度，缺陷产品召回制度，以保证产品质量。有了好的产品，才能拥有真正的竞争实力。

☞ 创新关

英国"金融时报"首席经济评论家马丁·沃尔夫说："中国对外国专业技术的依赖程度很高，但与日本、韩国不同，中国在经济快速发展时期的技术创新没有多大进展，在创立世界级企业方面也没有多大建树。"

发改委对外经济研究所的调查报告发现，目前93%的中国企业不搞自主创新，规模较大的工业企业有3%没有研发投入和研发能力，对国外技术的依存度高达50%，美国、日本仅为5%左右；中国设备投资有60%以上要靠进口。

由于没有掌握核心技术，中国不得不将每部国产手机售价的20%、数控机床售价的20%至40%拿出来向国外支付专利费。

由于没有自主研发的核心技术，中国只能以贡献廉价的自然资源和劳动力成本为代价，换取众多世界级制造入驻中国，将丰厚的利益回报给这些世界级制造企业。

中国制造要整体迈向世界级制造，还得从核心技术的研发上下工夫，因为竞争的因素，技术可以换取资本，但资本往往换取不了核心技术，而且揣着技术可以昂步走向世界，可是仅凭加工能力难以傲视群雄。

——要建立强大的人力资源基础；要建立一个非常良好的金融体系以提供资金，用于研发、创新行为，并且给这些行为以足够的回报；要对知识产权进行强有力的保护，从根本上保护中国人的最大利益和最长远利益。

真正把"技术是第一生产力"这个真理转换成国力，担负"中国制造"的企业还任重道远。

☞ 品牌关

数据显示中国有170多类产品的产量居世界第一位，却少有世界水平的品牌，在2005年度《世界品牌500强》中，真正属于中国的只有四个。

2006年度美国《商业周刊》刊登的全球品牌100强榜单中，没有一家中国品牌上榜。中国改革开放的总设计师邓小平说："没有自己的民族工业，没有自己的拳头产品，这个国家就没有前途。"

品牌形象代表国家形象，品牌之争更是民族工业的命运之争，中国经济的持续发展需要中国品牌的自强。

官、产、学、研、资要共同打造一个促进中国品牌产业化的平台，帮助中国企业创建世界品牌，通过挖掘培育具有发展潜力的中国品牌，进一步提升中国自主品牌的知名度、美誉度和国际市场竞争力，彻底扭转中国"制造大国、品牌小国"的尴尬局面。

☞ 自律关

企业要以各种形式自律、互律，通过中介组织、商会、协会、行业互律和企业自律，不断提高企业依法、合规、安全的经营意识，使企业认识到企业经济利益与整个国家利益的关系息息相关，自觉杜绝外贸秩序的混乱。

对于国家来说，要通过立法，制定政策，引导和鼓励企业提高核心竞争力，让"中国制造"成为世界品牌，使企业真正实现产业报国、民族昌盛的历史使命，从而推动国民经济又好又快地发展。

"中国制造"在尝尽了苦头，走多了弯路，经历过一次次失败之后，必将找到持续赢下去的秘籍——必须进行传统思维自我转型，产品质量自我升级，知识产权自我创新，世界品牌自我创造！这是"中国制造"未来机会的关键价值点所在！

❹ 让创造撼动世界

在蒸汽机时代，英国诗人阿诺德就提出，设计要"使这个世界变得比它原有的状态更加美好，更加幸福"。

近年来，IT消费品市场的急速膨胀，让阿诺德的话成为至理名言。当苹果公司凭借iPod成为了MP3领域的王者，推出第一部MP3随身听的帝盟公司早已偃旗息鼓，遭人并购；当三星、华硕等品牌以极具时代感的LCD产品瓜分市场份额时，传统的显示器巨头也只能望洋兴叹，束手无策。

2008年5月15日，在深圳市举办的主题为"原创中国·品牌升级"的2008年第五届中国企业产品创新设计奖（CIDF奖）颁奖典礼上，研祥集团凭借"自主创新，中国创造"理念研发的车载终端WPC1201荣获"产品创新设计金奖"，该奖项代表了中国企业产品创新能力的年度最高水平。

CIDF奖是中国最早设立的国家级产品创新设计奖，也是一个极具国际影响力的奖项，被誉为"中国工业设计界的奥斯卡"。

据统计，参与此次评奖活动的企业约40家，参评产品超过70件。长虹、美的、海信、重庆长安、康佳、创维、TCL、UT斯达康、老板、方太、华帝等国内知名企业竞相角逐。

获得金奖的研祥WPC-1201是国内首款针对港口物流行业（如：冷库、码头、港口等）自主设计开发的车载终端产品，通过该车载终端可有效缩短信息传递时间，减少货物搬运差错率，增加集装箱吞吐量。

产品整体造型简约、亲切，主体正面两侧采用硬橡胶材料，防震的同时增强了手握的舒适感；背部散热条排列规整，尽显产品专业品质。

产品设计满足人体工程学理念，可以缓解复杂、繁忙工作环境给操作人员带来的压力，充分体现了研祥产品对客户应用的人性化关怀。

研祥作为一家高科技民营企业，首次参加评奖就一举摘得桂冠，这是设计界对研祥创新能力的充分肯定，也表明了研祥产品在性能及外观设计上都堪称业内佼佼者。

2008年是研祥二次创业的崭新阶段，踏上新的征程，研祥将继续加快"自主创新、中国创造"的步伐，不断超越自我，将EVOC品牌推向广阔的国际舞台，真正实现"中国创造"在世界上的良好形象。

"制造"和"创造"，一字之差，有什么区别？

陈志列认为，具备了以下四个明显特征才能算是"中国创造"：

一是要有自主的品牌。有自己的知名度，把"NIKE"换成"NIGE"，这不叫创造。

二是要有自主知识产权。比如中国有很多DVD的品牌，但可能其中一个芯片是进口的，这种情况不算拥有自主知识产权。

三是要有全球领先的技术，比如一个公司有50项技术，全部都居世界领先的地位那是不大可能的，但至少要有几项达到世界领先的水平。

四是要有定价权，有了领先全球的技术，首推一样产品，就该是你说多少钱就是多少钱，而不是由别人来定价。

"中国创造"的路要走多久？

面对外界的询问，陈志列以幽默的说法表示他的信心："我相信，在我们这代人集体过世之前可以达到这样的程度：那时，国内至少有一半的产品，中国产的就是最好的，最贵的。当然，市场也需要一些中档、低档的产品，那就让进口产品来充实，来做便宜的。"

除了自已所在行业的开拓进取，陈志列的信心也建立在对宏观大势的分析上。他说："晚一点，到2030年，中国会成为全球最大的经济体，与这样的身份相称的，必然会有一些值得尊敬的品牌。今天，比如海尔、联想等很多品牌在国际上已经做得很好，但是还远远不够。希望研祥以后也能达到这样，让研祥产品成为高品质的标志。"

对于创新精神，陈志列认为，中国人要敢于创新，敢于面对失败。对敢于创新的人，人人都要给予支持和帮助，即使他失败也不要以讥讽、打击的方式对待他。在中国，就是要提供这样的环境，允许创新、允许大胆地创新；即使失败了，也应该把他看做一个英雄。

"由于工作的原因，我经常去美国硅谷，朋友们聚会，比如周末开party，有人会这样介绍新朋友：嗨，我给你介绍David，他办过四个公司，都破产啦！现在正办第五个……"

说到创新，企业家陈志列以这样一个风趣的描述形容美国社会的场景。他说，在美国，失败被当做一种历练，当做很值得夸耀的经验。在我国却很少看到这样的局面，这和社会对于创新的态度有关系。

人人助人，才能自助。培养创新环境、创新意识，才能形成一种人人向上的主动意识。而那些看见他人创新，要么在一旁冷言冷语，要么就拆台的人是不会营造创新环境的人。

陈志列的身份是研祥集团董事长，如果不是因为获得央视"2007中国经济年度人物"称号，他也许在自己的领域继续不为人所知。

实际上，作为中国最大、世界第五的特种计算机生产厂家，研祥经过15年的打拼早已在业内取得较为稳固的龙头老大地位，正向世界顶尖企业的目标看齐。

IT行业的竞争是全球性的，不创新就面临着被淘汰，因此陈志列对于创新自然有着深入的思考和独到见解。

他认为，"中国创造"要崛起是一个漫长的过程，自主创新对于企业来说是不可推卸的责任。同时，政府也应该创造一种氛围，让整个社会有创新的文化，能够宽容失败。

陈志列说："政府和媒体应该向社会倡导一种宽容对待失败、允许失败的氛围。那么，创新就会像雨后春笋一样不断地涌现出来。"

其实，春秋战国时代的"百家争鸣"就是一个典型的"创新"案例：

春秋战国时代，社会处于大变革时期，产生了各种思想流派，如儒、法、道、墨等，他们著书讲学，互相论战，出现了学术上的繁荣景象，后世称其为"百家争鸣"。

春秋各国为学者提供了良好的环境与条件，使学者们能够潜心研讨，互相争鸣，取长补短，丰富和发展了各自学派的学说，促进了中国文化的大融合。这一时期产生了一大批不同学派的著作，如黄老学派，也有儒家、法家、阴阳家等等。

由于春秋战国各个诸侯对"学者"的宽容政策，允许其"合则留不合则去"。"学者"就好像自由的鸟那样，可以"择木而栖"，从而促进了各国的人才流动。那时的"学者"和"士"就像如今的"创新者"。

在现今的"创新者"一族中，除了必要的创新精神，更要有创新的策略和不断持续创新的心态，而不是有了成绩就故步自封，应该不断扩大创新的成果，不断提升自己的竞争能力。

陈志列说："有一次参加访谈节目，问我偶像是谁，按照那个节目的规则，别人的答案一般经过六七次就会被猜出来，我的答案却被猜了17次。因为大家都不会想到我的偶像会这么年轻，又不是经商的——他就是刘翔。"

作为特种计算机领域国内第一、国际领先的企业管理者，却视"80"后的年轻体育运动员刘翔为偶像，这在常人看来多少有点不可思议。

但陈志列自有他的一番道理，用当时那位节目主持人的话来说："这是我听过的，包括体育界的人都认同刘翔是最深入、最透彻的一名职业运动员。"

陈志列说，视刘翔为偶像，首先因为他规则透明。"大家都穿裤衩背心，一声枪响，当着你的面赛跑，没有机会去扔条铁丝在别人脚底下，没机会给对手制造个绯闻什么的。大家都是公平的。"

第二个原因是讲究策略。陈志列说："刘翔的项目是跨栏，这个栏就像我们平时面临的困难，要考虑怎么跨过，但又不能太高，因为太高会影响速度。"

还有一个原因是一往直前，不沉溺于既有的成绩。"跨过一个栏就马上忘记，目标马上是下一个障碍，他没有时间去回想、庆贺。"

"在这样一个和全世界的高手规则透明、不断跨越障碍的比赛中间，我觉得刘翔做得非常好，是我崇拜的偶像。"

当然，偶像更多的是给人提示，让人明白如何提升自己的事业、境界、生活品质。因此陈志列说："目前研祥在中国是行业里的刘翔，我们希望以后不管是在欧洲、美国还是什么地方比赛，我们也能像刘翔一样，不单拿冠军，还打破世界记录。"

为了横越大西洋，哥伦布精心筹划了18年。

在这18年里，他受尽别人的嘲笑和奚落，被认为是愚蠢的梦想家。

经过无数次辩论和游说，他的真诚和信念最后感动了西班牙国王和王后，他们给了哥伦布远航的船只。哥伦布成功地渡过了大西洋，并发现了美洲大陆。

当哥伦布回到西班牙时，举国上下一片欢腾。上至王公贵族，下至黎民百姓，人们对哥伦布充满了崇敬之情。国王和王后在宫廷里宴请他，异常兴奋地听他讲述航海过程中遇到的奇闻轶事。

哥伦布的成功和荣耀引起了很多人的妒忌，他们说："不就是一个因贫穷而做白日梦的穷水手吗？只要有足够大的船只，谁不能横渡大西洋呢？"

听了别人的议论，哥伦布没有恼怒。他从容地站起来，对大家说："如果你们有兴趣，我想提议在座的每一位做一个小小的游戏，很简单，看谁能把一个鸡蛋竖立起来。"

嘲弄者都尝试着把鸡蛋立起来，结果却一个个失败了。最后，大家一直认为，这是不可能办到的事情，并且认为哥伦布有戏耍他们的嫌疑。这时，哥伦布顺手拿起一个鸡蛋，把尖端往桌面上轻轻一磕，鸡蛋就稳稳地立住了。

哥伦布表情严肃地说："各位，你们都说这件事情不可能办到，但我做到了。这是世界上最简单的事情，但等你们知道应该怎么做之后，谁都能做到了——关键在于谁先想到。"

创造性地破坏，打破旧规则，却成就了一位伟大航海家的梦想。研祥的不断创新精神就像哥伦布所"表演的鸡蛋"，它要通过不断地超越自己、打破自己而获得荣耀。

研祥誓做中国制造的脊梁，"脊梁"即"中国创造"。

研祥很清楚，要实现"中国创造"必须要在两个环节做文章、下工夫，一是掌握核心技术，二是走自主品牌。如图：

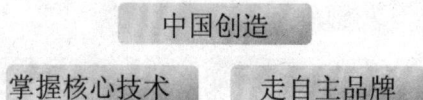

中国创造

掌握核心技术   走自主品牌

【图】中国创造的途径

"中国制造"的出路，必须要用"中国创造"来打破，必须破坏以往"中国制造"的思维格局。那么，以往的"中国制造"思维格局是怎样的呢？总结起来有三：一是体力求存；二是薄利多销；三是无品重金。

体力求存

岭南客家人说话颇直率，问他们最快乐的事是什么？"有工去做，有钱去赚就行啦！"

全世界的工人阶级不可胜数？如果中国真是世界大工厂，那么世界其他国家的工人阶级还不都去讨饭？那资本主义也早被当地的工人阶级推翻了几次。但大家看到的是全世界的工人阶级都"有工去做啦"。问题出在哪儿？因为中国根本就算不上世界大工厂，其只是"世界大工厂"中活儿最脏、最重、最苦、工钱也最少的一个车间。

全世界的印染、电镀、农药、制革产业，跑到中国水网纵横之处来投产。取净水方便、排污水之易、工人工资少、工作时间长、又不用劳动防护……聪明的投资者，何乐而不为？这或许是中国人的一个悲哀，甚至无可奈何。

近年来，西风东进，那些洋人过的节日在中国生根发芽。每逢过圣诞节，一些企业都在门口摆放两棵圣诞树以示喜庆，但圣诞树的消费远远小于国外的消费，中国制造的圣诞树大多销售给了外国。

圣诞树上的小彩灯、布娃娃、圣诞果……给洋孩子带来多少天国遐想。而我们所看见的都是豆蔻年华的四川、贵州小女娃子，用她们稚嫩的小手，趴在简陋的操作台——木案子上把比头发丝还细的钨丝用电弧光焊在灯丝上。问她们多大了，她们都说18岁了（不讲实话是怕老板被冠上雇佣童工这样不光彩的骂名）。

小小的灯泡眼睛看不清，她们把那双像暗夜里的星星一样明亮的双眸，靠近离电弧光不足15厘米的地方去操作！其实这双眼睛只能用一年。这里没有18岁的大姑娘，只有豆蔻小丫头，因为她们的眼睛熬不到那天。洋人爹妈舍得他们孩子那双天使般的蓝眼睛吗？而我们把全世界的圣诞彩灯都拿下来了，这些工厂就在中国。

我们必须清楚"中国制造"名扬天下，是用中国人的身体博来的名声。"中国制造"是因为中国人的体力不值钱。

要打破以"体力"谋生存的"中国制造"，必须要想"智造"，在脖子以上的部分下工夫。

✿ 薄利多销

义乌成功的神话，激励着中国大多数商人前赴后继，不讲条件地进入了商人圈。

我们信奉"薄利多销"，这是古老中国商人的"商经"，现代人把其发扬光大了！

现代人记住了"多销"，并光大到把产品卖到了世界各地，同时，也把"薄利"发扬光大了，光大到了"亏本"的地步。

大家想想看，我们去买衣服，不管人家报价多少，我们一律"拦腰一砍"50%的还价，商家报价1000元，我们还价500元，商家报价600元，我们还价300元。

我们同人家谈价格，不停地跟人家讲"你的太贵了"。只有到了卖家说"亏本卖给你了"，我们才觉得过瘾，才觉得划得来，才觉得没有吃亏。

曾经听说在中国刚改革开放那阵子，美国人开始进入内地采购物品。

中国人觉得美国佬来了，兴奋得不得了。然后，美国佬就问价格，中国人一般都会报一个非常低的价格，相对于美金来说，那可是太便宜了，顺便还要加上一句"这次可是亏本卖给您了"。

美国佬就觉得很奇怪，哪有做亏本生意的人啊！

美国佬做生意可不是这样的，然后他一定会加价让中国人得到利润（他心目中的）。中国人简直太聪明了，外国佬一走，就开始窃窃自喜了，今天又碰上了一个傻瓜。

后来，随着美国佬来中国采购次数的频繁，才明白，中国人做生意很奇怪，不管他赚了多少钱，都肯定会说"亏本卖给你了"。所以，他们也学会了货比三家，他们也学会了讨价还价。

然后，中国的其他商人看到产品出口销量大，就开始在动脑筋了，他会把全盘算计一遍，把该降低成本的地方降低成本，把不该降低成本的地方也挖空心思地降低成本，再跑去跟外国人做生意。在拼命降低成本的过程中，要想保证绝对的质量，那是不可能的。于是，出现了类似"山东毒粉丝"事件，也就见怪不怪了。

❧ 无品重金

"8亿件衬衫换一架波音飞机"的事实,一直是中国人心中的痛,薄利多销导致了中国企业之间的价格战。

现在去看看80%的中小企业,他们的杀手锏就是"价格便宜"。于是,小企业做不大,大企业迫于价格压力,不得不尽量地降低成本去生产。

任何事情都有其两面性,降低成本,控制成本,必然会出现质量疏忽的问题。大企业经受打击甚深,从而倒闭,小企业也是步履艰难。

在上世纪90年代,内地的方便面几毛钱一包,大家都觉得很正常。康师傅跑到内地来,做了一个"红烧牛肉面",竟然卖到几块,赚疯了。

中国企业看了眼红,也做桶桶面,就是没有人家康师傅的销量大,就是没有人家赚钱多。为什么呢?道理就在于:跟在总统的屁股后头转,再风光也是打杂的。

中国的饮料不计其数,在连锁零售店一瓶5公升的纯净水,竟然卖到一块八毛钱。而美国的垃圾饮料罐装的可乐,还是卖到了两块五毛钱,买的人还特别多。

美国人将一个土豆切成条儿用油炸一下,名曰"薯条",卖5~8元。一个老人看到孙子花8块钱买一袋"薯条",心疼啊,于是,自己照样子做,可是做出来的效果就是不如"肯德基",孙子也不吃!用土方法制衡洋技术,显然不行。

……

中国制造要真正地打败外国制造,必须要走技术之路、品牌之路。

"中国创造"是自主品牌,自主品牌在某种程度上代表着国家的形象和尊严。

日本前首相中曾根就曾说过："在国际交往中，索尼是我的左脸，松下是我的右脸。"

中国人是最讲面子的，然而中国产品在世界市场上还不够靓。自主品牌的缺失让中国产品在国际市场上差不多成了"低档货"的代名词，中国制造成了"洋品牌"的"打工仔"。

研祥誓做中国制造的脊梁，立足自主研发、自主创新，产品技术完全拥有自主知识产权。它在技术研发和自主品牌上已经下了大力气，并得到可喜硕果：

由研祥智能打造的"EVOC"品牌，已经成为行业知名和领先品牌。

目前，研祥智能旗下的特种计算机主要产品已形成两大系列、200多个型号，整体技术达到"国内领先、国际先进"，部分产品技术已经达到国际领先水平；研祥智能的产品目前已经广泛应用在石油、石化、通讯、公路、铁路、城市轨道、烟草、金融、能源电力、煤矿安全、安防、博彩、医疗设备、工业现场等等，替代了进口产品，为中国产业实现自动化、智能化、信息化做出了突出的贡献。

除特种计算机产品外，研祥智能也已经研制出税控、金融收款机，基于Zigbee技术的无线智能产品等。

自2000年起，研祥智能在中国特种计算机行业已经名列前茅。2004年，中国社科院工业经济研究所、WTO研究中心和中国经营报社，共同组织对香港上市公司H股进行竞争力指数排名，研祥智能综合指数排第九名，效益指数排第七名。

研祥智能目前是国家火炬计划重点高新技术企业、国家规划布局内重点软件企业、中国企业信息化500强。产品被列入国家重点新产品和国家火炬计划项目，并多次获得科技进步奖励。2007年，研祥智能被评选为"第四届中国最具生命力企业"。

研祥智能在中国设有多个研发中心、数十家全资分支机构，并建立了覆盖中国各主要城市的"EVOC"特种计算机产业联盟，组成了庞大的销售、服务网络，能够随时为客户提供周到的服务。

研祥的成就似乎给"中国制造"以启迪。

从现实来看，许多中国产品在品质和质量上已和世界知名品牌并驾齐驱，大量洋品牌在中国企业代工的事实已充分说明了这一点。"中国制造"只需贴上"洋品牌"的标签就立刻身份飙升，否则就很可能沦为"地摊货"。

品牌既是产品走向市场的通行证，也是创造利润的泉源。从这一意义上看，"中国品牌"比"中国创造"更加重要，因为任何伟大的技术创新都要通过转化为产品优势和市场优势，才能最终实现其价值，如果不能依附于一个强势品牌，技术创新的价值就无法得到最大程度的实现。品牌对于技术优势同样有一定的依附度，但相对而言，其依附度要低得多。

众所周知，可口可乐等产品的技术含量并不很高，但靠着强大的品牌力量，依然在世界各地赚取着超额的利润。

海尔是让自主品牌和"中国创造"实现有机结合的一个范例。

前不久，首批4万台海尔"天然洗"洗衣机在东盟市场上卖出了每台相当于人民币1万元的高价，冲进了国际高端市场，改变了中国产品在世界的形象。

这一方面是因为海尔通过自主创新，在"不用洗衣粉"这一核心技术上实现了关键性的突破，并进入了一个蓝海；另一方面也缘于海尔品牌的国际影响力和市场号召力。

中国品牌和世界品牌的差距，从本质上讲是企业文化上的差距，是中国企业家和国际知名企业家之间的差距。

中国以全民的力量创造了GDP全球排名第六的成绩，而如果要在自主品牌方面取得突破性进展，则需要一批在战略意识和市场创新能力方面都出类拔萃的企业家队伍。

一天的时间可以出现一个暴发户，但绝对不可能造就一个绅士。真正的中国品牌要想在世界扬名，需要的不只是时间。

如果说某些核心技术还可以通过重金买到的话，以弱势的企业购并强势的品牌则毫无可能。这是因为品牌的形象来自于人们对品牌经营者的信赖，而这种信赖会随着品牌易主而消失。一些中国企业在自主品牌建设中存在着严重的"暴发户"心态，而没有想成为绅士的心态和意识。

建设"百年老店"不应当仅仅是一句豪言壮语，更应当成为校正急功近利行为的指南。自主品牌建设是改变"中国制造"命运的另一条路径，走的企业多了，路就会宽起来。

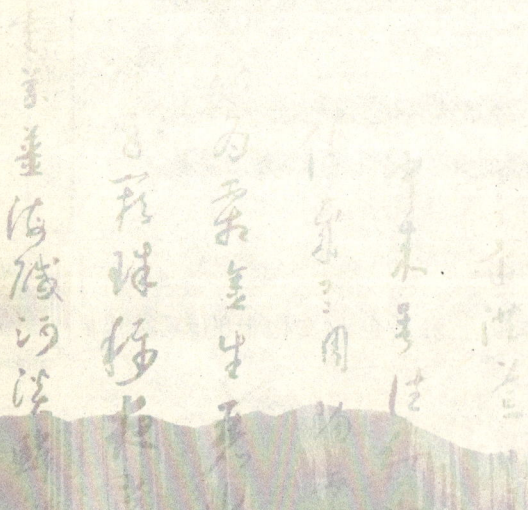

第二章

创新成就卓越

1 若创造必先智造

宏基电脑前董事长施振荣提出的"微笑理论"认为，新产品设计开发的两端才是企业制胜的关键，一端（a）是如何通过市场调研，经过转换，研发并设计出满足消费者需求的新产品；另一端（b）是如何通过行销和品牌来创造产品的价值；而处在中间段（c）的组装、制造、生产等工序则利润空间最小，受到的制约最大。如图：

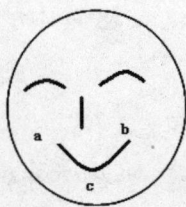

【图】微笑理论

一只键盘，在美国市场的销售价格是48美元，渠道商能赚16美元，品牌商能赚20美元，而制造厂商只能赚0.6美元。

在"微笑理论"的曲线中，品牌商是a，渠道商是b，制造厂是c。目前看"中国制造"的企业，大多选择微笑曲线的中间部分

（c），也就是利润最低的制造阶段。

"中国制造"选择曲线中的最低点（c），是出于无奈的选择。目前，还只有很少的中国企业能够创造新产品、新技术和新市场，毕竟与那些国际跨国公司相比，无论是资金、品牌还是服务，都存在巨大的差距。

那么，突破制造的瓶颈，打造自身的品牌，研发技术，进入"智造"的范畴，已成为中国企业的当务之急。

据《世界奢侈》在2008年1月18日报道：

在厦门文化艺术中心举行的海峡西岸顶级生活艺术展上，标价高得令人咋舌的顶级"奢侈品"却是随处可见。其中以1.8亿的老虎根雕为例，其规格与真虎略同，雄虎重150千克、长3.3米、高1.4米，雌虎重100千克。据主办方介绍，中华娇娇虎为一雌一雄，由大型根雕组成，几乎全部为天然生成，树龄在千年以上。

从一堆杂然无续的树根，经过能工巧匠的构思、精雕、细刻……最后竟然标价1.8亿。这其中的过程，就是"智造"的过程。

从某种意义上说，"智造无价"。

正如陈志列先生所说："有了领先全球的技术，首推一样产品，就应该你说多少钱就是多少钱，而不是由别人来定价。"这就是技术创新、掌握核心技术的企业"做大"、"做强"的秘密。

"中国制造"所以风靡世界，是因为中国拥有相对廉价的劳动力和科技人才，中国已经被全球定义为"世界制造工厂"。摘掉"东亚病夫"帽子的中国人，此时更应该"健脑"，应该充分发挥中国人的才智，从体力创富向脑力创富转变，让"中国智造"称雄世界。

纵观历史的发展，可以看出全球制造产业的变迁过程。

100多年前，美国比英国拥有更广阔的市场和更廉价的人力，于是世界制造工厂从英国"迁移"到了美国。

20世纪50年代开始，日本开始发力。日本进口1吨铁矿石，才花2000日元，加工成钢板，1吨可以卖5万日元，再用钢板制造成汽车，按每吨重量换算，可以卖100万日元。日本就是这样依靠制造业的附加价值来支撑它的经济，并在80年代成为"世界工厂"。

到了80年代，台湾省在IT产品代工方面异军突起，迅速成为全球IT产品的代工中心。其中的佼佼者——鸿海集团的总营业额，在2004年突破5000亿新台币。但即便如此，面对更强大的"中国制造"，鸿海集团在其他国家和地区的制造产业纷纷败阵，难以持久。

"劳心者治人，劳力者治于人。"我们拿人肉换取煤！我们拿煤发电照明，为中国的外企生产产品，我们用最多的电力，用我们地下挖出的各种原料资源，为全世界生产别人不爱生产却又不得不用的商品。

德国人是世界最佳工匠，日本和美国的工人绝对在中国是超八级老工人——手艺好，发达国家的中产阶级绝对是蓝领构成的。

我们的服装、鞋子打遍全世界，洋人生气了就烧。我们造的大排量小汽车，却只能在中国大地上奔驰。设计是洋人的，技术是洋人的，核心部件是洋人的。工人是中国的，买车的是中国人，分大钱的是洋人。

中国人是人，洋人也是人，我们必须走出"制造"创富的思路，用"智造"超越他人，如此才能走出受制于人的境地。

第二章　创新成就卓越

项籍（公元前232——公元前202）字羽，下相（今江苏宿迁）人。楚国名将项燕之孙，中国古代起义领袖，著名军事家，中国古代第一武将！人称西

"中国制造"要想走出依靠体力得天下的困境，必须要像项籍一样"学万人敌"，这就是"智造"的优势。

有人认为，只要维持住中国的低成本优势，就可以持续不断地发展中国制造。但是，应该看到的是，一个地区的低成本优势，将会随着其经济的发展而不断弱化，直至消失。美国、日本、中国台湾的例子就在眼前。

世界各国面对强壮的"中国制造"，不得不用"智造"对抗，其常用的策略分别是"采用先进的生产方式、及时响应客户、发展专利技术、提升质量品牌、投入产品设计开发"。

如图：

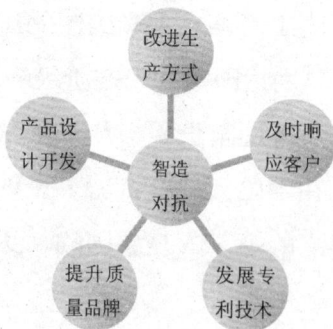

【图】"智造"对抗

在中国台湾省，过去的制造业以代工（OEM）闻名。随着中国内地制造业的兴起，台湾的制造业模式出现新的转变，许多传统代工企业由于掌握了自有技术，开始挤入ODM（original design manufacturing）的门槛。

在台湾接单、内地生产的运作模式下，这些企业因在当地耕耘已久，不但累积出较高的知名度，同时也累积出超强的研发实力（例如台达电、鸿海、捷安特等）。现在，大多数台湾厂商都向这一方向努力。

除了转型为ODM厂商，台湾制造业正在走一条多方位的突围之路。一位业内人士指出，"台湾的制造业早已不再仅仅是制造业，而是制造服务业。"

换句话说，台湾厂商不仅仅只扮演单纯的代工生产的角色，现在台湾厂商在全球制造业供应链中的位置，已经扩展到设计、零组件、采购制造、全球运筹，一些合作伙伴还将存货管理、资金周转交给台湾厂商来做，而国际大厂只是负责渠道和行销，这样的企业通常被称为"EMS（electronic manufacturing service，电子制造服务业）"。

"不知道什么是成功，只知道如何生存"的鸿海董事长郭台铭就曾指出，向高科技发展，是鸿海的第三次创业，将来的PC业是快、变、准的行业，所以要做到三点：及时上市、及时量产、及时变现。据说，鸿海开发新产品的速度，从设计到大量生产，八个星期就可以完成，而同样的产品在欧美至少要四个月。

凭借"两地设计、三区制造（亚、欧、美）、全球弹性出货"的速度，，鸿海快速而全面服务客户的竞争力让对手极端敬畏。

台湾厂商在世界扬名立万，是"智造"的胜利。

而明基董事长李耀认为，失去全球代工中心的地位，对于台湾地区来说是件好事。在过去几十年产业的发展中，台湾扮演的是低成本的制造角色。

当内地这个世界工厂出现后，台湾地区便失去代工的优势，但这也给台湾产业提升至研发层次，甚至创造自有品牌提供了广阔的空间。一些积极经营品牌的台商，如明基、宏基、华硕、威盛、统一等，都借此机会走上了品牌之路。

2007年4月初，SUN公司董事长麦克尼利来京推销其新产品，言谈之间依然不改他的刻薄。在攻击了IBM和微软之后，他也给了中国IT企业"当头棒喝"。

他说，中国的IT企业其实就是为美国的微软、INTEL销售其智慧产权的中间商。

也就是说，在国际顶级IT厂商看来，已经发展20多年的中国IT业，只是为国际IT厂商"打工的"，是通向中国这个潜力巨大的市场的经销商。

虽然中国的制造业优势还远远没有耗尽，但或许应该未雨绸缪，早做准备。尤其是现存的一些现象更应该让人警醒。

目前，国内自主品牌产品出口不到10%，很多中国企业外无品牌服务和营销渠道，内无核心技术和设计能力。中国企业大多处于全球生产链和价值链的底端，拥有高制造能力，但却没有与之相对应的增值盈利能力。

一些领先的中国企业对此已经有了清醒的认识，开始追加技术上的投入。2003年，中国企业的研发支出达到180亿美元，而5年前仅为80亿美元。

无独有偶，研祥几乎可以说是"智造"最佳范例。

研祥非常重视技术研发，陈志列更是把"技术视为生命"，如在第一次投资中研祥就注入了3000万元搞研发，这对于刚刚取得成功的陈志列而言无疑是一场"豪赌"。按照陈志列自己的说法："当时仅留下了自己的基本生活费，其余的全部用于产品研发投入了。"

在市场经济博弈中，不断追逐国际前沿技术是高新技术民营企业"安身立命"的"基石"，这就要求在创新和产品研发方面舍得大手笔投入。

研祥属于技术型企业，以技术创新著称，公司每年投入的研发经费远远高于行业平均水平。这是陈志列率研祥在EIP领域不断打拼沉淀下来的"生意经"。

民营企业在研发方面的投入一般都在营业额的5%以上，而研祥公司多年将此比例保持在8%以上。2004年研发经费的投入占企业销售额的9%，2005年的研发经费占销售额的9.5%。

研祥现有技术均为自有知识产权，该企业每年研发费用的大量投入，有效地保证了企业研发创新活动的进行，公司每年继续保持30%左右产品的升级换代。销售的产品中，超过50%属于ODM产品，这些都有赖于研祥公司长期以来对技术创新的重视。

在自主研发的不断推动下，研祥每年推出的新产品占产品总数的60%。产品技术国内领先，国际一流。

研祥公司的"智造"还表现在"足够专注"，从创业到现在15年的时间中，始终专注工控领域，在未来的市场开拓方面，研祥又保持着适当冷静。

让我们用"菜农"来比喻市场的形成过程，中国菜农们现在只能提供土地和廉价人力。而国外的菜农们不但有蔬菜的种子，蔬菜的种植技术，还能为蔬菜的运输提供卡车，为蔬菜的储藏提供冷库，甚至还能培植出蔬菜的新品种。

国外"菜农"的先进并不可怕，可怕的是"中国菜农们"不思进取，反而因赚取低利润而沾沾自喜，满足于现状。

虽然现在有部分"中国菜农"开始奋起直追，但无论是绝对数量，还是相对的比率都还远远不够，现在只是"智造中国"的开始。

只有当大多数"中国菜农们"开始研发蔬菜的种植、培育，为中国蔬菜立品牌，甚至能够把蔬菜加工成美味的佳肴，这才是"智造中国"的成功之时。

② 日新者，久而无穷

我们国家正在向创新型国家迈进，由"中国制造"走向"中国创造"，需要一支庞大的高素质的人才队伍。

"苟日新，日日新，又日新"，让我们抓住时代赋予我们的新机遇，不断学习新知识、新技能，只有如此，才能适应未来经济发展的新需要，才能在未来激烈的职业竞争中找到自己的位置。

"苟日新，日日新，又日新"，这是商汤王在青铜器盘上刻写的警辞，意思是："如果一天能够更新，那么就会天天更新，并且永远保持更新。"所以，"君子无所不用其极"，君子想尽了办法追求更新。我们的生活也是这样。

西方有一句名言："人不可能两次站在同一条河流里。"今日之我已非昨日之我，今日之河亦不是昨日之河。

究竟该主动还是被动地接受这种"日新"，那就是一种对人生或积极或消极的态度，就是一种从我们自己内心生出的感受。

"日新"要付出一些努力，一些时间，一些思考。

丰田之所以强大，正是因为其独特的创新型企业文化。

日本学者认为丰田生产方式已不仅仅是一种生产方式、改善方式，其本质是一种企业革新的方式。而这些正是来源于其长期以来形成的、蕴涵于企业内部、不易察觉的、丰田的创新型企业文化。

我国企业长期处在计划经济和供应短缺的大环境下，没有需求压力，没有创新的要求。改革开放以来，大企业忙于引进技术，引进设备，除了少数国有大企业重视引进、消化和再创新外，一般都是偏重生产技术型的引进，缺乏深度的技术合作，特别是原创型的研发合作。

至于大量的中小企业，则忙于来料加工，贴牌生产，没有创新的合作内容。在这样的环境下，许多企业逐渐形成惰性，失去创新的欲望和创新的冲动，自主创新没有成长的土壤，创新人才更不可能脱颖而出。

创新是一个民族的灵魂，也是一个企业的灵魂。企业要是没有创新的精神和创新的观念，没有广大员工对创新的追求，就不可能生存发展，更不可能在市场竞争中后来居上。

中国拥有悠久历史的众多老牌企业和名牌商品，现在仍然发展良好的已是凤毛麟角，多数被淘汰，原因就是经营思想因循守旧，没有创新，缺乏那种"苟日新，日日新，又日新"的企业文化。

我国企业需要坚决抛弃僵化和保守的观念，推崇民主、和谐、生动、活泼的创新文化，在创新中寻求和把握发展机遇，在创新中使员工体验到工作的乐趣和意义。

企业领导更要勇于突破传统观念的束缚，顺应潮流，敢于接受新思想、新观念，对风险和失败保持正确的态度，努力创造"鼓励成功、宽容失败"、尊重创新愿望、发挥创新才能、肯定创新成果的良好企业文化和氛围。

研祥全面贯彻落实科学发展观，坚持"改革、调整、管理、创新、发展"的方针，紧紧抓住影响发展的主要矛盾，围绕主业结构调整和发展。

优化科技资源配置，加大科研投入力度，不断提高自主创新和后续研发能力，已掌握一批具有自主知识产权的核心技术和关键技术，形成了一批有特色的理论创新和技术成果，为研祥持续有效发展提供了有力的科技支撑。

近年来，随着改革发展的逐步深入，研祥坚持用科学的态度，在吸收各方面成果和经验教训的基础上，发展并完善已有的认识和结论，大胆提出符合时代要求和工作实际的新思路、新理论、新认识、新方法，用创新赢得新突破。

创新型企业文化已成为研祥企业文化的重要组成部分，创新理念已得到全体员工的普遍认同，研祥人坚信只有创新，企业才能生存，才能发展，才能壮大。

海尔为什么会有辉煌的成就？为什么能够创造出世界性品牌？就是因为有张瑞敏。20多年来，海尔始终围绕创新做文章，虽然一开始也是引进设备技术，但后来就是自己搞。

张瑞敏很强调中国传统文化里边的精华，"苟日新，日日新，又日新。"正是因为有这样的精神，海尔才不守旧、不满足。所以说，一把手的观念、视野是企业创新的决定性因素。

研祥自创建至今，虽只有15年的历史，却实现了科技创新奖达50项之多。毫无疑问，研祥在自己的行业里走在了前列。

这与研祥人的创新意识、创新精神和创新方法分不开。面对市场导向，懂得选择最佳的、最适合的"上帝"进行最完善的服务；对于人才的引进与培养，能找准和企业相同的"味儿"；对于企业管理，能打破级别界限，实行文化无边界；对于生产的终端营销，实行寓销于学，和客户共成长、共依赖等等。

这些都是研祥人能充分利用每一点时间、每一个机会来进行创新的根本动力，也是研祥人取得巨大成绩的根本原因。其中，最关键的就是，研祥人有超强的执行力。

按照公司董事局主席陈志列的话来说，研祥什么都不是，研祥就是赚钱的公司。而要赚钱，作为高科技企业就必须创造能赚钱的产品、拥有一流的品牌。

同样，研祥的创新经验也可能什么都不是，但它能告诉我们：研祥作为成长型的高科技民营企业是如何拥有这么多奖项，如何成为行业老大与国际同行在世界的舞台共同竞技，如何打破国外技术垄断实现民族品牌飞跃……

研祥公司在公司的企业文化中，对技术创新有明确的要求："**允许失败，但不允许停滞**"，举个形象的例子，当遇到技术难题无法再向前走的时候，可以向左走，也可以向右走，但不允许停下来，这种永不停止的创新精神，几乎成为每一位研祥人独有的气质。

现代社会飞速发展，人的观念也在不断转变，观念是行动的先导，经济发展的快慢有多种因素，但关键是思想观念和精神境界的转变。

如果思想观念跟不上社会发展的步伐，看不清社会和经济发展的主流，工作缺乏超前意识，思想陈旧，工作习惯于按部就班，缺乏创新意识，习惯于旧的体制下的思维方式，那么将会阻碍企业的发展。

新形势下，优秀企业和落后企业之间的差距，其实就是思想观念的差距。

转变观念首先就要转变如何对待企业的发展观。目前，许多人存在小富则安，不求发展的思想，缺乏创造力和追求卓越的高品位目标，缺乏风险和竞争意识，缺乏不甘人后的创业激情，从而阻止了自己和公司的发展。

企业要发展就伴随着风险，我们要敢于挑战，敢于承担压力和责任，大胆设想，打破常规，富有创造力地开展工作，才会有更多的发展机遇，墨守成规、经验主义是思想观念转变的绊脚石。

转变观念就要转变如何对待别人的认识观。

许多人看待问题时不能客观对待，评价一个人首先要看到对方的优点和长处，看到对方做出的成绩和努力，而不是只看到对方的缺点和不足。要看待对方所做的是否有利于公司的发展，是否代表着公司的利益，这样有利于更好地挖掘员工的潜力，激发员工的工作热情。

转变观念就要转变自己的认知观。

人最大的敌人是自己，所以我们要正确评价自己，要明白自己的能力和潜力，认识自己的优点和不足，选择适合自己的位置，充分展现自我。

每个人都应该不断学习，提高自己的工作能力，树立正确的人生观、价值观，才能保持良好的心态。

我们要放开思维，敞开胸襟，广纳百言，加强沟通理解，树立团队合作精神，便可无往而不破。

或者创新，或者消亡

日前，《福布斯》杂志在上海举办的"第二届中小企业投资与发展论坛"上，正式揭晓了"2008中国潜力企业榜"，研祥智能科技股份有限公司榜上有名。同时，研祥智能董事局主席陈志列先生还在现场作了精彩的演讲。

"倡导创业精神，打造创富工具"是《福布斯》中文版的编辑使命，而"中国最具潜力企业榜"所看重的也正是这些上榜企业的创业精神、创新意识、创新技术。本届论坛的主题是"生存与超越"。一个优秀企业在成长的过程中，尤其是面临着价值发现、资源汲取、品牌塑造和策略、战略转型、国际化等等诸多关键考验的时刻，面对生存危机却保持自我超越的快乐心态，正是他们与其他企业最大的不同，也是这些上榜企业发展的最大原动力。

一个充满前景的特种计算机行业，一个独特的企业文化和管理体系，一个连续几年销售收入和市场份额稳定增长的年轻活跃的经济分子，正是研祥智能入围本次评选的重要原因。在本届论坛上，研祥智能集团董事局主席陈志列针对企业的创新型管理作了独到的见解和分析，并将研祥"非经典管理"与在座的诸位企业家进行了分享。（中新网2008年1月24日电。）

目前，这个世界没有什么不被改变着，唯一不变的就是变化。

创新，已成为全球企业当前最重要的经营课题。在市场竞争激烈、产品生命周期短、技术突飞猛进的今天，不创新，就会停止不前；不创新，就会面临灭亡。

"不创新，就灭亡"，这是美国福特公司的创始人亨利·福特所言。他说此话，事出有因：

福特汽车公司的创始人老福特，出身农家，他之所以在汽车业脱颖而出，因为他最了解美国的农村，地广人稀，需要农、客两用车，那时候道路不太好，农民的文化水平又不太高，农民需要的是操作简单、坚固耐用、耐得住颠簸的汽车。

老福特找到卖点，他结合这个特点，生产出了操作简单，结实耐用，价格低廉的"T"型车，迎合大多数人的需要。很快，福特汽车占据了世界汽车市场的68%，老福特一时富可敌国。

在这个过程中，老福特锐意进取，不断创新，当时别的汽车制造厂的工人都是每天工作10小时，每天3美金。他却推出"8小时工作制"，"每天5美元"，表面上对他的原始积累很不利，但是另一方面他吸收了很多熟练工人，提高了工作效率，这是东边失去，西边得的策略，事实上，老福特得到的更多。

另外，他还发明了"生产流水线"，还创造性地提出了"科学管理"的理念，在当时的汽车界，老福特被尊为创新楷模。

但是，后来老福特的创新教条化了，已经脱离了实际。

20世纪20年代的时候，美国社会进入了大众化富裕的时代，人人可以说，都是"小康"了。老福特是农民的儿子，他一直把勤俭生活视为美德，"新三年，旧三年，缝缝补补又三年"。所以，他的T型车带着明显的"简朴"烙印，提高质量，降低成本是他不断追求的境界。可是，美国人已经不需要这种车了，因为道路已经修好了，人们需求速度快、造型美观、具有个性化的汽车。

随着时代变化，消费者希望更多的品种，更新的款式，节省能耗的轿车。福特汽车公司的产品不仅颜色单调，而且耗油量大，排气量大，完全不符合日益紧张的石油供应市场和日趋严重的环境保护状况。

小福特建议老福特推出豪华型轿车，但不为老福特所采纳，根深蒂固的"物美价廉"的思想阻止了老福特的前进。

而通用汽车公司和其他几家公司则紧扣市场脉搏，制定正确的战略规划，生产节能省耗、小型轻便的汽车，在20世纪70年代的石油危机中，一跃而上，位居前列，而福特汽车公司却濒临破产。

此时的老福特，痛定思痛，可是为时已晚。转而根据小福特的意见推出豪华型轿车，但是先机不在，直到今天，福特汽车也没有回到它昔日龙头老大的宝座。在这种情况下，老福特总结出："不创新，就灭亡。"

老福特的失败经验，比尔·盖茨则深有体会，他说："微软离破产永远只有28个月，不创新就灭亡。"创新，创新，再创新是微软致富的全部奥秘。

日本的本田公司是创新的英雄，以至于与地球人分享它创新的成果："车到山前必有路，有路就有本田车。"本田公司希望员工表现自己的创新能力，自行想办法解决问题，设计出更有效的工作方式。合理的建议一旦被采用，公司会拨给开发经费和组织团队成员。

本田公司不遗余力地开发员工的才能，不仅为公司创造了可观的效益，而且使员工真正地爱上了公司。一个公司如果对员工的想法和建议熟视无睹，那么结果只有一个，就是员工不断离职。在创新的道路上，有时胆大妄为，其实是大有作为。

受着异域思想的波及，中国制造业的新贵海尔公司，得到创新所带来的可喜业绩，海尔公司把市场的难题作为创新的课题，海尔公司认为，企业创新和得到不断变革的最好源泉就是员工，这一观点与本田公司的创新思想暗合。

创新，让"本田式"的公司快速成长，持续地爆发出生命力，其竞争力卓尔不群，一直成为众人仰视的英雄。

2008年，在中国特种计算机行业，流传着一个响亮的声音："定价权、中国造。"这代表着中国最前沿技术，第一次拥有了主导话语权。

从某种意义上讲，这也是一次革命。而这句话的来源就是在2007年经济人物年度评选颁奖晚会上，评委会对研祥智能在特种计算机领域自主创新成就的评价。

在IT领域，有一个不变的定律：谁最先推出一款或某类产品，谁就拥有这个产品的定价权，而研祥智能就是中国特种计算机行业内，第一个拥有如此殊荣的品牌。

改革开放已经30年，中国经济取得了巨大的发展，很多行业已经具有了世界竞争力，像家电行业的海尔、格兰仕，商用计算机行业的联想都已经走在了世界前列，但作为国家最高端科技实力体现之一的特种计算机行业，在此之前都还默默无闻。

1993年，抱着"为民族品牌而战"的信念，研祥智能创始人陈志列和志同道合的有志之士，走上了自主研发、艰苦创业的道路。

公司在研发上未雨绸缪，针对各个行业的特殊性，在技术创新体系上，研祥智能公司建立了"预研——在研——改进"的研发体系，使产品不断创新，使研祥的特种计算机产品始终走在市场的前列。

如图：

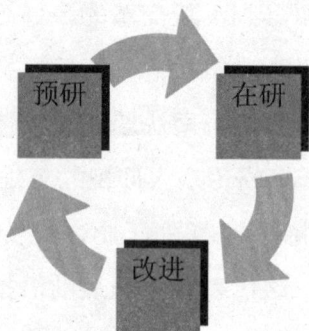

【图】研发体系流程

如今的研祥智能公司已是特种计算机行业的国内第一、世界第五，拥有了中国最强大的特种计算机技术研发中心，科研人员占员工总数的30%以上，正是这种强大的技术后盾，才有了今天研祥智能的成就，才有了"定价权、中国造"的强大自信！

从研祥智能公司的成功我们可以看到，自主创新是中国民族工业崛起、与世界优秀企业竞争的唯一出路。

公司所在的特种计算机领域，其广泛的应用性对国民经济的发展有着极为重要的作用。在全世界每年生产的计算机芯片中，只有10%到20%的芯片是为台式或便携式电脑设计的，而80%到90%的芯片是为特种计算机设计的。

据不完全统计，2007年我国特种计算机市场销售额达到300多亿人民币，而世界的市场就更大了，这也是对中国企业国际化战略的最大动力。

"研祥公司就是中国自己的IBM"，一位业内人士如此评价。

作为中国特种计算机标志企业的研祥公司与商用计算机行业的联想不同的是，我们所从事的是本世纪最伟大的发明。

在创业初期，公司依靠过硬的质量和相对优惠的价格赶上并超过了一直占据内地市场老大位置的台资企业，并以32%的市场份额稳居国内第一的位置。

如今的研祥智能已经不再靠价格取胜了，拥有了先进的技术，不仅让研祥人底气十足，市场的竞争力也无人能及，定价权主导地位非研祥莫属，而这些都是自主创新的结果。

2008年奥运会的召开为中国企业迎来了历史机遇，不仅可以充分展示中国企业的实力，也更完好地展示国内企业的创新能力。

20世纪50年代，当所有人都把计算机当成最高深的科学来研究设计，IBM却把当时最先进的通用自动计算机进行简单改造，并运用到了日常工作的处理，比如财务结算等等；5年后，它成了计算机行业的领头羊。

毫无疑问，一个商业创意使IBM淘到了第一桶金，但是源源不断的技术创新才是IBM获得成功的保障。我们的民族企业除了不失时机地把握商机，更重要的是坚持自主创新，我们期待下一个研祥、下一个IBM式的企业当然也会在中国诞生。

"不创新就灭亡"这是美国管理大师彼德斯的厉声警告，今天"创新"一词越来越成为描述现代企业管理的代言词，成为企业生存发展的命脉。

④ 规则是用来打破的

一旦人们做了某种选择，就好比走上了一条不归之路，惯性的力量会使这一选择不断自我强化，并让你不能轻易走出去，这个现象就是"路径依赖"。

第一个明确提出"路径依赖"理论的是道格拉斯·诺思。他由于用"路径依赖"理论成功地阐释了经济制度的演进规律，从而获得了1993年的诺贝尔经济学奖。

道格拉斯·诺思认为，路径依赖类似于物理学中的"惯性"，一旦进入某一路径（无论是"好"的还是"坏"的）就可能对这种路径产生依赖。

某一路径的既定方向会在以后的发展中得到自我强化。人们过去做出的选择决定了他们现在及未来可能的选择。在现实生活中，路径依赖现象无处不在。

一个著名的例子是：

现代铁路两条铁轨之间的标准距离是4英尺又8.5英寸，为什么采用这个标准呢？

原来，早期的铁路是由建电车的人所设计的，而4英尺又8.5英寸正是电车所用的轮距标准。那么，电车的标准又是从哪里来的呢？最先造电车的人以前是造马车的，所以电车的标准是沿用马车的轮距标准。

马车又为什么要用这个轮距标准呢？因为古罗马人军队战车的宽度就是4英尺又8.5英寸。罗马人为什么以4英尺又8.5英寸为战车的轮距宽度呢？原因很简单，这是牵引一辆战车的两匹马屁股的宽度。

有趣的是，美国航天飞机燃料箱的两旁有两个火箭推进器，因为这些推进器造好之后要用火车运送，路上又要通过一些隧道，而这些隧道的宽度只比火车轨道宽一点，因此火箭助推器的宽度由铁轨的宽度所决定。所以，今天世界上最先进的运输系统的设计，在两千年前便由两匹马的屁股宽度决定了！

人们关于习惯的一切理论，都可以用"路径依赖"来解释。它告诉我们，要想路径依赖的负面效应不发生，那么在最开始的时候就要找准一个正确的方向。

每个人都有自己的基本思维模式，这种模式很大程度上会决定你以后的人生道路。而这种模式的基础，其实是早在童年时期就奠定了的。

做好了你的第一次选择，你就设定了自己的人生。

孔子曰："少成若天性，习惯如自然。"我们无法摆脱这种路径依赖，一旦我们选择了自己的"马屁股"，我们的人生轨道可能就只有4英尺又8.5英寸宽。

以后我们可能会对这个宽度不满意，但是却已经很难改变它了。我们唯一可以做的，就是在开始时慎重选择"马屁股"的宽度。

看看我们身边那些扬名立万的企业家，他们都做对了一件事情：想别人想不到的事情，成就别人不能成就的事情；做别人做不到的事情，成就别人不能成就的功绩。

企业家的优势正在于别人还在多种选择中犹豫彷徨的时候，他们已经做出了选择。优秀的企业家可能并不是全知的人，却可能是敢冒险的人。

"企业家的任务就是'创造性地破坏'，就是不安于现状，不断地打破常规，只有敢于不断尝试冒险的人才能称为真正的企业家。"

比亚迪是近年来汽车业崛起的新贵，王传福为了研究对手的新技术，每年在上海外高桥保税区花几千万元购买全球最新的车型，交给员工拆卸。拆完之后要写总结、写报告，车子则报废。各种新车上市一台，买一台，其中不乏宝马、奔驰、保时捷这样的名车。一些年轻的研发人员不敢轻易拆卸新车，特别是名贵车型。王传福知道了，二话不说用钥匙把自己的进口奔驰划破，然后说："现在你们可以去拆我的车了。"

正是这种"创造性地破坏"的精神，让比亚迪汽车汲取了国际汽车的先进技术，也让比亚迪汽车迅速崛起于汽车业。

最近几年《康熙王朝》一直热播，其中"创造性地破坏"的精神值得大家研究。康熙削藩的情节给很多观众留下了深刻印象，它清晰地展示了一个国家中央集权的变革过程。

在进行削藩的过程中，内叛外乱、危机四伏、险象环生，整个国家陷入极度混乱之中，甚至到了彻底分裂的边缘，这个过程对企业家推动企业内部的管理变革同样具有借鉴意义。

当环境改变时，企业的目标、策略要跟着改变，组织结构、人事、价值体系也要跟着改变。在变化莫测的市场环境中，企业要想赢得竞争优势，就必须学会随着时代的发展而迅速调整，固执地运行在过去"成功经验"的轨道上，将会使原有的优势不存、辉煌不再。

中国的本土企业处在社会转型时期，环境瞬息万变，社会的商业规则体系处于动荡摇摆之中，"醉卧沙场君莫笑，古来征战几人回"成了过去20多年，中国企业家以及企业的真实写照。

具体而言，企业内部太多的体系、规则、做法，在外部环境变化的情况下很快就会演变成为组织发展的障碍。例如，过去国有企业倡导的员工"主人翁"精神，很可能成为改制分流过程中的巨大障碍；过去企业内的化小核算单位的类似承包式的一系列做法，恰恰可能成为提高效率、流程重构、资源优化的阻力；企业创业时凭借的一系列"灵活"做法，很容易成为组织规范化、制度化的压力。

企业变革是一种模式与体系的转型，是一种内在系统的蜕变，是一种自我的超越。本质上是一种对旧有模式、体系、系统的破坏，并创造性地建立新的模式、体系、系统。

企业变革，说起来容易做起来难，变革意味着破坏，意味着要打破传统。变革的这一特性，使得变革具有不同程度的风险性。

组织内员工对变革的接受与否，企业变革的方向是否适应不断变化的外部环境，都直接影响着企业变革的成败。现实生活中经常存在这样的事实：人们不反对改变，但往往会拒绝被改变。其中最为艰辛的就是观念的转变。任何一场企业变革，都是一场观念的冲击、碰撞，变革的真正完成，在于观念的转变。

企业变革应该是先在组织中塑造出适合于变革的环境，并由领导人与组织成员一起去设计企业理想的将来。在变革实施之初，要花大力气协助员工跳出旧思维及经验法则，让整个组织能够一起思考、分析未来，进而建立变革目标。

企业变革措施的落实一定要有系统性和灵活性，相应的配套措施要跟上，一个组织重新调整了任务目标或经营模式，相应的组织体系、流程体系、薪酬考核体系必须跟进。与此同时，这些系统必须有持续更新的功能。

中国的企业正处于一个组织性质和管理方式都在发生重大变化的时期。"他们必须变革，否则就会死亡"，汤姆·彼得的这句格言，不断地得到了众多企业家的认同。但企业变革的艰巨性、复杂性也对企业家提出了极高的要求，企业家必须把变革意识羽化为内生的素质与能力，才可能有效地推动企业的变革。

"借来的火，点不亮自己的心灵"。面对创造性的破坏，无论是企业，还是企业家都必须把变革演化为企业发展的内生力量。

第三章

亮剑
世界

❶ 进而不退：云龙之"勇"

电视剧《亮剑》的主人公李云龙，他个性鲜明、胆大心细、勇敢中透露着英雄气概；他在渴望嗜血的拼杀中，在为战友之死的复仇中，都表现出一种铁血军人不计生死、压倒一切的霸气；但李云龙又绝非一介武夫，他有大智大勇的一面，又有中国农民式的狡猾与狭隘的一面；他是一个不好管理的角色，但他对国家、对民族、对抗日大业都是无比的忠诚。

在研祥内部交流的刊物中，"李云龙"多被推崇，"李云龙"代表着研祥打破经典的"作战"战术，另一个被推崇的原因是其亮剑精神与冒险精神。

❧ 亮剑精神

如今的研祥，拥有的不是昨日辉煌，而是"雄关漫道真如铁，而今迈步从头越"的气概。

在电视剧《亮剑》热播时，研祥组织全体员工观看，被派驻到海外分支机构的员工在临走的那天，对领导做出了这样的承诺："我就算死，也要死在冲锋的路上！"——这是《亮剑》中李云龙对手下将士们说的一句话，今天却成为了研祥员工对领导的一句承诺。

研祥的员工为什么要这样不顾一切呢？

陈志列解释道："这种干劲儿，就是我们团队最宝贵的，公司的创新意识和公司未来发展的目标，激起了他们的激情，我想这不是用钱可以解释的。很多人，包括我也在内，这种激情超越了一个企业的责任，已经提升成为了中国民族的品牌意识。人就是要有一口气，正是这种民族情结在内，所以激发了我们这种玩命精神。"

正是这种激情，这种精神，使得目前排在国内市场第一位，全球市场第五位的研祥，设定到2017年要作全世界特种计算机的NO.1（第一）。

"NO.1，我们有清晰的定义，我们不仅在营业额、净利润方面作NO.1，还要在公司的营业额分布上与未来全世界该行业的营业额的分布相等或相接近。我们认为，以上三个条件都满足了，我们就是这个行业名副其实的NO.1。"

陈志列还说："当然，我们的使命就是上上下下玩命努力，如何把这个目标的年限缩短，2017年是我们目标完成的最后期限，如果到2017年后完成这个目标，我们就一点自豪感都没有了。因为改革开放以来，我们总是提出目标，总是提前达成，这快让我们有点上瘾，所以我们达到了还不行，还要提前。"

玩命精神就是亮剑精神。

什么是亮剑精神？

李云龙是这么说的："古代剑客和高手狭路相逢，假定这个对手是天下第一剑客，你明知不敌该怎么办？是转身逃走还是求饶？当然不能退缩，要不然你凭什么当剑客？这就对了，明知是个死，也要宝剑出鞘，这叫亮剑，没这个勇气你就别当剑客。倒在对手剑下算不上丢脸，那叫虽败犹荣，要是不敢亮剑你以后就别在江湖上混啦。咱独立团不当孬种，鬼子来一个小队咱亮剑，来一个大队也照样亮剑。"

对创业者来说，注重塑造亮剑精神，远比积累财富更重要，亮剑精神永远是赢得未来的无形资本。设定具挑战性的工作目标，具备创新管理的胆量、思维，勇于承担责任和善于解决问题。

亮剑精神中的关键词是"创新"和"胆量"。

实际操作中，我们可以林彪为据（建国前胜率最高的中国将军之一，实战打出来的，无可争议），林彪说："有六成把握就可以开打，边打边调整。谁说开仗前要有九成的把握，那是孩子话。"

美国评价一位优秀经理人的标准比林彪还低一成："一个优秀经理，就是那个做出的决定有50%是正确的人。"

研祥人则这样说："要么往左转，要么往右转，就是不要踩刹车。"与上述如出一辙。

在困难面前需要亮剑，在冲锋的路上更需亮剑，亮出大勇气、大气魄、大胆量。

胆量这个东西是与生俱来的，后天很难形成，一个企业的领导者除了有敏锐的眼光，胆量也非常重要，因为即使你看到了别人看不到的东西，但是你不敢决策，不敢下单，机会就错过了。

研祥的今天，绝对与陈志列当年的胆量有关。

在上世纪90年代，工控行业还没有形成行业气候，特别是我们要依靠外国的技术、产品以及外国人才。研祥成立之初，在没有资金、没有产品、没有核心技术的前提下，敢于亮出自己的宝剑，其精神难能可贵，其气势令人赞羡。

面对强大的对手，明知不敌，也要毅然亮剑，即使倒下，也要成为一座山，一道岭！这是何等的凛然，何等的决绝，何等的快意，何等的气魄！

事实证明，一支具有优良传统的部队，往往具有培养英雄的土壤。英雄或是优秀军人的出现，往往是以集体形式出现，而不是由个体形式出现。理由很简单，他们受到同样传统的影响，养成了同样的性格与气质。

任何一支部队都有着自己的传统，传统是什么？传统是一种性格、是一种气质！这种传统与性格，是由这支部队组建时首任军事首长的性格与气质决定的。他给这支部队注入了灵魂。从此，不管岁月流逝，人员更迭，这支部队的灵魂永在。这是什么？这就是我们的军魂。

我们国家进行了22年的武装斗争，从弱小逐渐走向强大，我们靠的是什么？我们靠的就是这种军魂，靠的就是我们的军队广大战地指导员的战斗意志。

纵然是敌众我寡，纵然是身陷重围，但是我们敢于亮剑，我们敢于战斗到最后一人。

一句话，狭路相逢勇者胜。

亮剑精神，是我们国家军队的军魂。剑风所指，所向披靡。

《亮剑·李云龙语》

亮剑精神讲的就是大无畏的胆略。

在研祥，每个部门，每个主管，每个员工，他们的身上都传承着陈志列所筑的"亮剑"精神。在研祥的企业文化中，有这样一句话："研祥允许做错，不允许不做。"这并不是陈志列标新立异的突发奇想。陈志列总结了IT行业的特点和一线员工的市场服务经验，认识到对研祥危害最大的行为并不是"战术失误"，而是"贻误战机"。

陈志列认为，对市场变化的麻木不仁是令他最无法接受的，所以，有时候我们想这些企业所谓的"以不变应万变"，其实是将不断地变化固化成为模式或者企业文化导致的表面现象，就好比我们看飞速旋转的风扇，感觉叶片都是静止不动的。

亮剑精神是主动出击，而非被动挨打。主动出击是以变而应万变。

第三章 亮剑世界

拳击比赛的拳手，特别是外国拳手总是双脚不停跳动着。其实，道理很简单：这样可以随时进攻和随时防守。在不停的跳动的"变化"中应对360度的进攻，同时可以全方位地出击。"变"又是全方位的，不仅要从技术层面进行突破，在宣传和营销模式上也得有的放矢。

贝加莱工业自动化（上海）有限公司的商务开发经理唐欣说过，不变是之前对市场做过预测，如果等到事件发生了再去寻求"变"，那将是被动的"变"。

所以，亮剑精神是主动求变的最好防御。

冒险精神

人类究竟是如何发现新的世界、创造新的境界的呢？

在如今竞争激烈的商业环境中，企业如何去发现新的利润区？如何发现一片蓝海？这或许是许多企业家不断思考的问题。我们看下面的故事，或许能从中理解那些行业领先，精进不退的企业凭什么可以"赢"。

南九洲岛的一个孤岛上除唯一的一户渔民外，还有近百只野生猴子。

在猴群中，年轻的猴子竟起着令人难以想象的作用。

这些猴子一向生活在孤岛上的密林中。所以，它们几乎是无缘见到海洋，只是偶尔有只猴子不慎从山崖上失足落海而已。

不过，有人来到岛上给它们投放食物后，猴子们几乎每天都跑到海边来。

如今，猴子们不仅会在海中游泳，而且还学会了潜入海中捞贝吃，甚至还知道用海水冲洗甘薯。

自古以来，海洋就处于岛屿四周。然而，过去的岁月对于猴子们来说，海的世界几乎不存在，因为海洋并没有给它们带来任何益处。

但如今，在猴群的生活中，海洋却成了一个新发现，而完成这个新发现的正是猴群中的年轻者。

猴子的世界并非像人类世界这样自由，年长的猴子当了首领，就严格支配着整个猴群，而年轻的猴子就得服服帖帖受首领的欺压，年轻的猴子地位最低，因此，它们很少能得到好吃的东西，在首领面前，也绝不敢伸手拿好吃的东西，总是等到年长的猴子吃剩后，再走上前去。

不过，年轻的猴子有唯一的一项自由，那就是——冒险！

它们可以凭十足的好奇心和充沛的精力，去尝试各种各样的冒险。

一天，一只年轻的猴子下到过去一向令它们畏惧的浅海中，可以说，这也是其中的初次冒险。这种冒险竟成功了。

于是，年轻的猴子们便一个接一个地模仿起开拓者来。不久，连猴崽和母猴也养成了这种习惯。贝类成了它们所喜爱的新食物，同时大家还学会了用海水洗甘薯。这样做，不但能洗掉甘薯上的泥巴，而且还沾上了一点咸味，连它们也知道好吃多了。

只是猴子的首领怎么也不适应这种新习惯。对于总是生活在古老世界里的它来说，也根本无法养成这种新习惯。

有人曾给喜欢吃橘子的猴子投放橘子。结果发现，年轻的猴子是捞不到掉在沙滩上的橘子的，因为这些全被首领抢走了。而掉进海里的橘子首领却一个也得不到，因为这些全被敢跳海的猴子捡走了。

在年轻的猴子中，有的竟能游过300米的海峡登上本土。这种冒险精神简直能和日本有名的冒险家相媲美。

在研祥，部门经理在不知如何前进的时候，甚至可以掷硬币决定。陈志列说，"更重要的是，研祥允许做错，不允许不做。"

在研祥的核心管理思想中，"非经典"很重要的一条是"左打轮，右打轮，但不允许刹车"。这就是说，各个市场职能部门在实际操作过程中，不能因为摸不清情况和出现突发状况而停滞不前。

......

这些观念，都是研祥的冒险精神所在。对于制造型企业来讲，生产仅仅可以维系企业的生存；创新，才是企业得以发展的根本。面对激烈的市场竞争，如今已成为国内特种计算机行业领袖的研祥智能对于"创新"有着自己独到的见解。

研祥的成功源自创新，而创新的根本首先来自于对产品技术的创新，源自对未来大胆的假设和实践。在我国特种计算机产品市场，用户对于产品的需求普遍存在着批量小、品种多、个性化定制等特殊要求。因此，墨守成规地按照"模版"来进行批量生产并不适合于这个行业。

研祥智能在创业的初期，也曾为了不断满足用户的定制需求来"被动"地进行生产。但是，随着研祥公司研发团队的不断壮大和技术的进步，研祥在2007年大胆地提出了"市场导向与技术导向并重；根据市场需求和技术创新的需要，合理配置企业资源，提前走在客户的需求之前"，并将这一理论纳入到企业文化之中。

这就意味着研祥今后将会继续加大技术研发与产品创新的力度，在国际舞台上将"中国制造"的标签更换为"中国创造"，进而引导整个市场的发展。

对于创新，市面上也有一种说法："基层讲操作，中层讲执行，高层讲创新。"在研祥智能公司，无论是老板还是普通员工，创新与冒险精神已经是研祥人的企业文化之一，**"允许出错，不许不做！"**是每一个研祥人的做事准则。

允许出错是鼓励创新、冒险的表现。可以说，没有创新精神和冒险就没有研祥在技术与管理上的不断突破，也就没有今天的中国特种计算机行业领袖。

西方人的冒险精神是导致国家或个人成功的关键因素之一，他在近现代西方发展史上表现得更加明显。无论是西班牙、葡萄牙、荷兰对海外各大洲的探索，还是英、法等国对北、南美洲的拓殖都是如此。

不墨守成规、敢于冒险是科技创新的一个重要特点。古往今来，科学家为创新而冒险的故事比比皆是。

诺贝尔为了研制更有威力的炸药而多次受伤，弟弟被炸死，父亲也落下终身残废；居里夫人研究放射性元素，终因长期受辐射而患白血病去世；"两弹元勋"邓稼先在一次试验事故中，曾把摔破的原子弹碎片拿到手里仔细检验，后来也不幸患上癌症病逝。

自然界、社会和人本身都蕴涵着无穷无尽的奥秘，知识的旧领域深不见底，知识的新前沿层出不穷，有知永远是相对的。要获取新知就需要创新，而创新往往离不开冒险。孙中山在《孙文学说》中所说"知识皆从冒险猛进而来"，讲的就是这个道理。

既然是冒险，就可能有失败，失败甚至惨败是科技创新道路上的正常现象。然而，失败本身也是宝贵的财富，可为后来者提供难得的教训。

业精于勤：姚明之"专"

姚明出生于篮球世家，身高2.26米，在18岁入选中国国家篮球队之后，凭借其出众的身高和熟练的专业技术，一路走来，成为万众瞩目的篮球明星。

姚明的成功总结两点：一是自身的硬件（身高），二是专业技术。

如今任何企业的发展，除了自身具备的机器、资金、人才等硬件，再就是专业的研发技术和掌握的核心技术。在研祥内部交流的刊物中，被经常提到的"姚明"，代表着研祥企及全球的高度和对高科技技术无限制的追求。

《庄子·养生主》中有一则庖丁解牛的寓言：

庖丁为梁惠王宰牛,手到的时候,肩倚的时候,脚踩的时候,膝顶的时候,那声音十分和谐,就跟美妙的音乐一样,合于尧时的《经首》旋律;那动作也很有节奏,就像优美的《桑林》舞蹈。

梁惠王看得出了神,称赞说:"哈,好啊!你的技术是怎么达到这样高超的地步的呢?"

庖丁放下刀对梁惠王做了如下的解说:

我喜欢探求的是道,比一般的技术又进了一步。我开始解剖牛的时候,看到的无非是一头整牛,不知道牛身体的内部结构,不知道从什么地方下手。3年以后,我眼前出现的是牛的骨缝空隙,就不再是一头整牛。到了今天,我宰牛就全凭感觉了,不需要再用眼睛看来看去,就能知道刀应该怎么运作。

牛的肌体组织结构都是有一定规律的,我进刀的地方都是肌肉和筋骨的缝隙,从不碰牛的骨头,更不消说碰大骨头了。技术高明的厨师,一年换一把刀,因为他是用刀割。

一般的厨师,一个月就更换一把刀,因为他是用刀砍。而我宰牛的这把刀,已经用了19年;所宰的牛,又经有几千头,然而刀口锋利得仍然像刚在磨石上磨过的一样。这是为什么呢?就因为牛的肌体组织结构之间有空隙,而刀口与这些空隙比起来,薄得好像一点厚度也没有。用没有厚度的刀在有空隙的肌体组织间运行,当然绰绰有余!

所以,19年过去,我的刀还跟新的一样。虽然我的技术已达到了这种程度,但我在解剖牛的时候,还是丝毫不敢马虎,总是小心翼翼,心神专注,进刀时不匆忙,用力时不过猛,牛体迎刃而解,牛肉就像一摊泥土一样从骨架上滑落到地上。这时,我才松下一口气来,提刀站立,顾视一下四周,心满意足地把刀揩拭干净,收藏起来。

从上面的故事,我们得到一个观念:专注才能成为专家。即使姚明的父母都是打篮球的,若姚明本人不专注于篮球,他也很难成为篮球明星；研祥不专注，也不会有今日的成就。

　　研祥是中国EIP行业（Embedded Intelligent Platform）的"隐形冠军"，凭借其自主创新的嵌入式智能平台技术，研祥不仅在国家信息产业部的嵌入式计算机安全平台竞标中战胜了众多对手，而且在工业控制计算机市场中，占有率仅次于Intel、Motorola，排名第三。

　　能在行业内取得如此佳绩，研祥扮演着两种角色，一是攀岩高手，二是潜水冠军。向上不断的攀登与超越，保证了研祥的技术高度；向下不断的溯游深水层，保证了研祥的技术深度。如图：

【图】两种角色

🦀 高度

　　多样的变化带给"攀登者"这种活动前所未有的挑战。每一条岩面上的路线都是对攀登者心理和生理的考验，每一次攀登都不同于以往，所以去发现是什么在运作、要做哪种攀登、为谁设计的路线，是使这攀登之舞保持新鲜有趣的窍门。所以，攀岩并非是随兴的，有一些基本技巧要灵活掌握。

　　做市场、研究产品、定战略……都需要技巧，那么，深圳研祥智能是靠什么技巧在它自己的行业领域占有极高的市场份额，从而成为"冠军"的呢？

据悉，研祥公司创立至今已经拥有上千项专利技术，并且是国内唯一拥有生产基地和自主知识产权的顶尖嵌入式技术企业。

2008年1月30日，有"经济界奥斯卡奖"之称的2007"CCTV中国经济年度人物"评选揭晓。深圳研祥智能科技股份有限公司董事长陈志列，一人拿下两项大奖，不仅高调当选"经济年度人物"，还摘走了评委会特设的"年度创新人物"大奖，成为"经济年度人物"评选活动开设8年以来，独揽两项殊荣的第一人！

研祥智能立足自主研发、自主创新，产品技术完全拥有自主知识产权。由研祥智能打造的"EVOC"品牌，已经成为行业知名和领先品牌。研祥产品已成为"中国第一，世界第五"。

目前，研祥智能旗下的特种计算机主要产品已形成两大系列、200多个型号，整体技术达到"国内领先、国际先进"，部分产品技术已经达到国际领先水平。

除特种计算机产品外，研祥智能也已经研制出税控、金融收款机，基于Zigbee技术的无线智能产品等主要产品：工控机、嵌入式主板、平板电脑、一体化工作站、I/O卡、A/D卡、模块。

正是凭借这一自主创新的高科技成果，研祥智能公司不仅在国家信息产业部的嵌入式计算机安全平台竞标中战胜了众多对手，而且在工业控制计算机领域的市场中，排名第三，成为中国"嵌入式智能平台"行业当之无愧的"隐形冠军"。

狭窄的市场同时也意味着行业竞争的高密度，企业在"隐形"状态下，外人不见刀光，内行常睹剑影，竞争异常惨烈。因此，要想在"隐形"市场里成为强者，成为"冠军"，除了要有适应"隐形"世界的生存价值观，更要有适应这一世界的生存技巧。

◎ 深度

在近期举行的中小企业发展战略沙龙活动上，研祥公司董事局主席陈志列先生在回答记者提问时说道："虽然研祥公司已经初具规模，但是我们并没有离开嵌入式领域的打算，因为在科技创新上，不论是针对产业链上游还是下游，我们都还有很多事情可做，而且研祥公司之所以成功，就是因为十几年来专心只做一件事。我们除了各种嵌入式板卡，还在整机生产、软件开发上取得了突破性的成果，而我们已经开始以全国唯一工业级企业的身份，投入到税控收款机的竞争中来，特别是在我们研制出全国唯一一款工控CPU之后，更加增强了我们向行业纵深发展的决心！"

作为EIP领域的隐形冠军，研祥智能董事长陈志列总结的成功经验是：选准一个具有较高技术门槛的计算机细分市场，深入耕耘，在别人都坚持不下去甚至退出的时候，坚持到底。

"我们99%的收入都来自主营业务。"研祥智能副总经理樊小宁说。

埋头做事，增强核心竞争能力，这也是研祥智能能够稳居隐形冠军宝座的经营哲学。

如果说研祥智能能够根据行业特点制定自己的发展方向，通过将产品功能拆分，在客户个性化需求和研发制造速度之间寻找到平衡点，实现产品专业化和服务专业化，是一种策略性的技巧，那么能够支撑这一策略，并使之最终走向成功的，则是其始终不渝坚持的一种战略思想——自主创新。

在20世纪80年代，工控机领域是美国产品的天下，由于汉化、价格、服务等问题，他们很快退出了中国内地市场。

1991年开始，台湾厂商依靠自身信息产业的优势，大量制造IPC产品，直至1996年，中国内地市场占有率最大的前五个品牌均为台湾地区制造。

早在1993年，陈志列就认识到工控机产品属于非标准化产品，在价格及服务问题上，没有哪家企业能实现大规模普及应用，也没有哪家企业能垄断市场，于是他决定创立研祥智能，在靠做代理提得第一桶金后，开始推出自主品牌，委托台湾厂商进行设计生产。

随后，由于看到当时国家政策扶持本土的工控机企业，研祥智能在国内同行中，率先开始自主研发设计，建立自己的生产基地和研发基地。

目前，研祥的主要产品，按功能分为EIP板级产品、EIP壳级产品和遥控数据模组，其中前两项产品构成研祥智能90%以上的收入来源。

EIP行业的特点是：其产品在几乎所有国民经济行业都有市场，需求很旺；但同时也带来一个难题，工控机都属于非标准产品，不同行业，同一行业的不同企业客户，需求都很个性化，售前、售中、售后服务需求也很个性化，产品的特点是多品种小批量，这一方面导致价格偏高，服务难度大，另一方面导致企业难于大规模生产和大规模营销，企业很难迅速做大。

面对这些难题，怎么办？

研祥智能的策略是：将产品功能拆分为小的模块，便于根据不同客户的需求，迅速地组装出不同的产品，在个性化需求和研发制造速度之间，寻找到平衡点；抓住银行、交通、医疗、彩票、零售、制造业、电力、通信等八大重点行业，根据行业特征进行产品专业化和服务专业化，建立覆盖全国的直销和服务网点，从而达到最大限度降低成本和提高服务效率的目的。

研祥智能的自主创新虽然承受着研发、速度和个性化的压力，然而，随着自主品牌的打响，研祥智能也在享受着巨大的好处。

由于技术门槛高，无序竞争少，研祥智能靠高额的研发投入，使自己能在行业价值链中，争取到很有利的位置。

同时，由于行业个性化定制要求高，研祥智能也能从满足个性需求中争取到较高利润，改变了大规模生产低利润的PC模式，实现了多品种小批量高利润的IPC生产研发模式。

据2005年和2006年前9个月研祥智能财报数字显示，其毛利率高达39%～42%，比联想等标准PC生产商的毛利率高出一倍多。更值得一提的是，作为深圳市高新技术企业，研祥智能还享受到了一定期限的税收减免和优惠。

🐾 宽度

研祥智能还有一个天然的优势，作为本土厂商，获得了国家政策扶持。2006年，研祥智能通过公开竞标，一举夺得了国家信息产业部的"安全BIOS"项目，争得了信息产业部数百万元的技术创新经费支持。

未来，研祥智能将安全BIOS技术应用于嵌入式安全平台，其开发的电脑、手持设备等，将符合国防、安全、政府等特殊的国家部门的需求。

假设您的笔记本电脑一旦丢失，在安全BIOS支持下，拾获者在没有密码的情况下如果试图强行开机，笔记本将在启动到一定次数后，自动烧毁或者硬盘自动毁掉。

为了推动中国工控机行业健康发展，目前研祥智能还在积极配合行业主管部门，制定工控机行业标准，从而达到"一流的企业做标准"的境界。

研祥智能还与芯片巨头Intel建立联合实验室，将其芯片改造成为适合某些行业，开发相关行业的计算机。中国汽车产业正在飞速发展，汽车越来越多走入家庭，它不单是一个交通工具，而且是一个移动的工作平台和娱乐生活平台。

研祥智能现在也在进军车载电脑领域，未来在车的后排，就可以使用适合车上使用的电脑，在电源、震动等方面符合车载的需求；研祥智能开发驾驶员的GPS导航、大巴车车载广告平台，还有在警车上安装的嵌入式平台，使警车能在高速行驶中实现对车辆的动态超速检测。

EIP在国民经济各行业都有需求，市场起伏不大，在中国的年市场规模在40亿～50亿。作为EIP行业的领头羊，研祥智能正享受着第一的好处，但其烦恼也很明显：研祥智能已经成为国内最大的EIP生产企业，在此基础上，再前进哪怕一小步，都要付出很大的代价。

而作为香港联交所的上市公司，它必须每年交出满意的财务报表。由于市场规模及市场扩容速度的限制，研祥智能很难出现像快速消费品行业的蒙牛乳业那样的成倍的高速、爆炸式增长，面对"市场规模的束缚"，研祥智能该怎么办？

面对市场慢速的扩容，研祥智能的未来发展战略是，一方面进行纵向一体化，向行业的上下游扩展业务；另一方面，研祥智能正在遵循一般隐形冠军的战略选择：不走横向多元化路线，而是选择进入国际市场，在一个狭窄的领域内，争取做到全球领先。

研祥智能的国际竞争优势是具有多年的工控机开发经验，海外品牌对一般消费层有心理优势；但劣势也十分突出：产品需要从海关进口，导致价格相对较高；国际品牌的销售模式多是代理商模式，相比之下，研祥智能的直销为主的模式可能对客户的需求把握更准确，服务更到位。

目前来自国际市场的业务只占研祥智能销售额5%左右，如何开拓国际业务，成为了频繁出国的研祥董事长陈志列心中的头等大事。研祥智能通过市场调研发现，在EIP行业，越是发达的国家，需求越旺盛。

因此，研祥智能目前的战略是，重点进入美国和欧洲特别是德国市场，这与家电企业重点攻打东南亚等发展中国家市场的战略选择有着明显的不同。

研祥智能的计划是，国际化要坚持自主品牌，要外派人员，发展代理商。"由于EIP行业具有统一的国际标准，因此进入国际市场没有技术障碍。但是，不同国家有不同的游戏规则，我们不能简单地把中国经验搬到海外。国际化路线我们刚刚开始，但我们有信心：因为在理论上说，在中国有能力做1个亿的业务，那么在国际上就应该有能力做6.6亿的业务。"

另外，值得注意的是，研祥智能的资产负债率仅为14%，现金储备亦充足，而上市之后的研祥智能并没有像国美、用友等其他上市公司一样，为了获得成长开展一些能弥补自己不足的并购。

试图向产业上下游纵向扩张的研祥智能，除了走高风险的国际化道路之外，似乎也可以在向行业上下扩张的并购整合上下工夫。

而这对研祥董事长陈志列而言，如何实践自己在资本市场中长袖善舞的能力，变得至关重要。

🖳 十步一杀：刘翔之"快"

刘翔是中国运动员的骄傲，他在雅典奥运会上以12秒91的成绩平了由英国名将科林·杰克逊保持的世界纪录。这枚金牌是中国男选手在奥运会上夺得的第一枚田径金牌，书写了中国田径的新历史！

在一次比赛后，刘翔第一时间接受媒体记者采访时说："只有我自己可以打败我自己，只是想把中国男子田径短道失去的拿回来，今后还要拿回更多！今后争取击败他们更多次，让他们知道什么是亚洲速度！"

陈志列视刘翔为偶像，原因不只是刘翔的速度，还有他一往直前，不沉溺于既有成绩的奋斗精神。

在古龙的武侠小说里有一句话："江湖上，谁的刀快，谁就有理！"这话说得非常有意思。

"快"有两种含义，一是刀的锋利，一是用刀折的速度。"削铁如泥"的快刀无疑占有优势，而出刀的速度奇快似乎更为重要。假如我们用军事术语来描绘这个快节奏的现代社会，"兵贵神速"就是在任何竞争中获胜的秘诀。

四周是成捆的竹简，无名拿出一根竹简标出记号，示意是秦王要害部位。无名回身迈步，数好步数，正好十步！无名将一把竹简高高撒向空中，出剑！

鞘在空中脱出，几乎没有声音！快剑闪亮，非常快，也许只有一眨眼，剑尖已到！当看的人刚意识到无名动时，无名已跃完十步！一剑而中！

这是电影《英雄》中无名的"十步一杀"绝技。其成功的关键是：剑快。

陈志列在创业中视速度为竞争秘籍，从1993年开始，陈志列带领他的团队在15年的时间里，创造了中国最大的工业计算机企业，这些年里，研祥集团打败了德国西门子、美国通用这样的对手，在不断的超越中，他让自己的企业成为中国第一，世界第五。

他引领了中国核心计算机的潮流，2007年研祥制定了中国工业计算机的国家行业标准，让中国制造在走向中国创造的这个领域里，得到了最好的印证。

作为英特尔特种计算机的战略合作伙伴，研祥于2007年12月6日迎来英特尔全球副总裁等一队人马到访，共同探讨一些未来的发展战略。能与英特尔联袂"演出"，研祥的"技艺"不见得逊色多少。

目前，公司开发的产品中有30%在全球处于领先位置，计划未来5年加快速度，争取50%的产品在全球至少领先6个月以上，这是一个比拼创新速度的时代。

"快鱼吃慢鱼"是思科CEO钱伯斯的名言，他认为"在Internet经济下，大公司不一定打败小公司，但是快的一定会打败慢的。Internet与工业革命的不同点之一是，你不必占有大量资金，哪里有机会，资本就很快会在哪里重新组合。速度会转换为市场份额、利润率和经验"。所以说，市场反应速度快的公司将吃掉反应迟钝的公司。

"快鱼吃慢鱼"强调了对市场机会和客户需求的快速反应，但绝不是追求盲目扩张和仓促出击，正相反，真正的快鱼追求的不仅是快，更是"准"，因为只有准确的把握住市场的脉搏，了解未来技术或服务的方向后，快速出击进行收购才是必要而有效的。

现在已进入"快鱼吃慢鱼"的时代。拿电脑为例，毫无疑问："速度"与"容量"是判定电脑优劣的标准。

电脑从286、386、486、586一路走来，我们不能倒转回去，俗语虽说"老路好走"，可电脑这行不同。一些尖端科技，使我们的生活与工作变得更简约明快，特种机更是如此，要想江山永固，必须"快"。

近年来，几乎所有的企业开通了局域网，公文管理不再是大型的文件柜与档案室，为了一份文件翻箱倒柜查阅档案的年月已渐行渐远，公文网上发，公文流传只在一点一击之间完成，无纸办公使办公环境更简约、明快，E时代已经悄然而至。

一项工作任务，只要网上发个通知，说明限时完成期限，相关人员第一时间内都可以获悉。企业QQ通时刻保持沟通状态，一个通知，QQ群发，尽人皆知。

一切都在"快鱼吃慢鱼"的状态下发展，你不遵循这个规则，只能被淘汰出局。电动车代替自行车，手机代替固定电话，传真技术告别了电报时代，电子邮件又取代了传真，我们想找寻资料不必在浩如烟海的图书馆，只要在电脑上"百度一下"，就可以立现。

快者代替慢者，强者代替弱者，这是大自然的永恒规律。

快鱼吃慢鱼的道理，每个人都懂得，但是我们总是在不知不觉之中变成那条慢腾腾的鱼，悠闲地游动着，对身后那张越来越近的血盆大口无知无觉。渐渐地，我们就习惯睡在自己以往的成绩上，不停地打盹，直到被后来者一口吞噬。

狮子每天早上起来，都要提醒自己要跑得更快一点，否则自己将会饿死，羚羊每天早上起来也提醒自己要跑得更快，否则将会被吞掉。于是，狮子和羚羊是草原上的长跑英雄。

要做就该做捕食的狮子，而不是永远逃避的羚羊，甲骨文的领袖埃里森的话也许是对的，"我赢还不够，我要的是把他们全部消灭"。

不能做一天到晚在水里优哉游哉的慢鱼，路其实从来都只有一条，要么生存，要么死去。

工控自动化正在超越传统意义上的概念，今天，工控行业的人们更喜欢称他们为后PC时代工业IT厂商。他们的产品已经广泛应用于石化、电力、钢铁、电信、机械、船舶、轻工、医药、交通等诸多行业。

在EIP市场，谁的新品推出速度快，谁就能掌握市场主动。

成立于1993年的研祥智能，立足于EIP，即嵌入式智能平台。EIP的概念伴随着实际应用的需要应运而生，这本身就决定了它的生命力也完全来自于广泛的应用领域。

选择EIP这一行，主要基于研祥对市场的深入了解。EIP行业是我国与国际前沿高科技接轨最紧密的领域，不仅科研技术上盯得紧，而且产业化速度快，程度也高，这个行业很有利润空间，在发展上一定会很"出彩"。

近两年，嵌入式产品的应用将是PC和互联网之后最大的市场亮点。未来几年内，EIP将信息化、智能化、网络化三者完美结合的特性优势必将更加明显，发展空间必将逐步拓宽，应用领域必将逐步扩大。

研祥处于嵌入式产品价值链的中游，与上游芯片厂商的合作是十分关键的。樊小宁认为，在这方面研祥处理得十分成功，目前Intel和VIA两大CPU提供商都与研祥结成了战略合作伙伴关系。

市场不是静止的，随着国内市场开放度的增加以及国外厂商的进入，嵌入式市场难免要掀起一些波澜，竞争也会加剧。

不过中国进入WTO后，随着关税的下降，研祥的采购成本也可进一步下降，并有望带来20%到30%的成本的削减，这将会使研祥的竞争优势更明显。

未来，研祥将考虑进入嵌入式终端产品的市场，不久也许大家就会看到"研祥"牌的ATM机或是POS机，研祥由传统的产品商向一个嵌入式品牌经营商迈进的大方向已然确定。

第四章

合作精神

❶ 做大：求同存异

　　有一天，有两个渔夫逃生，他们一起误闯入无边无际的大沙漠，他们走啊走，走得筋疲力尽，身上所带的干粮也只剩下了一条鱼，还有他们唯一的捕鱼工具——渔竿。

　　于是，他们决定分路走。这时，一个人说，我什么也不要，我只要鱼，另一个人却没有了选择，就只好留下了那支渔竿，结果两个人都死在了这片沙漠里。为什么？

　　这个故事说明：这两个人谁离开谁都没办法走出沙漠。只有两个人走在一起才能走出沙漠，因为，得到鱼的那位渔夫他虽有点吃的，但却没有了渔竿，那条鱼没法儿让他走出沙漠，就算走到有鱼的地方，却没有了渔竿也只有饿死于沙漠之中；另一位渔夫虽有了渔竿，走到有鱼的地方可以钓上鱼来，但他却没有鱼去解决目前的饥饿，所以他也没法儿走出沙漠。

　　这个哲理故事告诉我们：凡事都有一个相辅相成的问题存在。

　　我们可以看到，研祥公司并未完全满足于现在的研发实力，而是寻求更多更顶尖的合作者，共同向行业顶端攀登，实力聚合，天地更宽。

2005年9月13日，研祥公司与美国PT公司签署合作伙伴协议，协议中确立了合作双方今后在生产、技术、市场等领域进行全面合作。

PT公司（Performance Technologies）是一家技术领先的集成系统、平台、部件和软件解决方案的开发商，在全球同行内处于绝对领先地位。此番与研祥公司结成合作伙伴，看中的正是研祥公司在国内工控领域内第一品牌的巨大影响力以及丰富的制造经验。

PT公司CEO·Don·Turrell说："与研祥结成合作伙伴将会极大地提升PT公司在中国的品牌形象，并且增加更多的市场机会。中国市场是未来我们系统产品和平台产品的重点投资区域，我们希望尽快地实现在中国市场大规模生产和销售；与研祥合作，无疑帮助我们加快了这一步伐；我们期待与研祥公司建立长期、互利的合作关系"。

研祥公司除了与PT公司结成合作伙伴，还与其他顶尖公司形成合作联盟，例如，2005年12月8日，研祥智能同英特尔公司签订了《英特尔－研祥智能嵌入式应用解决方案及产品和市场开发一揽子合作备忘录》，这项备忘录将成为中国嵌入式领域的一座里程碑。伴随着该合作备忘录的签订，双方将进入一个全新的战略合作阶段。

基于此备忘录，双方将通过开展针对性更强、计划更周全、配合更紧密、结果导向更明确、统筹管理更系统的全新合作模式，解决市场对技术的迫切需求问题。

基于双方达成的合作共识，双方将针对嵌入式技术研发、嵌入式系统基础架构、市场推广等方面展开更深入的合作；双方将结合英特尔嵌入式架构和平台技术，共同开发嵌入式解决方案。

研祥智能也在2006年初，成立了"英特尔嵌入式技术平台应用实验室"。除此以外研祥智能还同领域内多家顶尖软件供应商、硬件集成商建立了长期稳定的合作关系，共同开发具有创新意义的新技术成果。

作为国内工控行业的领导厂商，研祥公司希望通过与国际优秀厂商的合作，为中国广大的用户提供性价比更高、技术更可靠的解决方案。

我们发现，合作可以使双方进行优势互补，把各自的核心竞争力结合在一起，共同致力于中国各个快速成长技术领域的市场开拓和产品推广，提供全面的解决方案，满足现在和将来中国快速成长的市场需求。

研祥公司认为，与强者合作，才有高层次发展。

在现实商业环境中，我们发现"同行是冤家"，同行业企业之间的互相竞争是同行关系中的主旋律。很多人都是天生的红眼病，忌妒心强，见不得别人好，为了排挤对方，不惜一切代价，也不择一切手段，把同行往死里整，今天你整我，明天我整你，就在这种无谓的争斗中搞内耗，其中最主要的手段和方式就是价格战。

"价格战"是中国企业之间经常使用的一种"置之死地而后生"的拼命招数。

无可厚非，中国商人在国际商品的竞争中，以生产便宜的日用品赢得了非常大的市场份额，甜食吃惯了是会上瘾的。上瘾以后的脑袋一般不怎么好用。人是惯性思维的动物，一般奏效的方法他是会重复使用的。

在中国使用价格战，一般来说，还是有效的绝招。其结果就是小企业做不大，大企业迫于价格压力，不得不尽量地降低成本生产，令自己发展艰难。

他们从没想过，换一种思维，双赢的合作是达到目的的最好选择。其实，合作是为了更好地竞争，因为一个人、一个企业不论他发展到什么程度，总会存在一些大大小小的不足，如果与能弥补自己缺陷的同行企业合作的话，也许这些问题就会迎刃而解；同时，你也能用自己的长处去帮助合作者，让双方取长补短，共同发展。

富士和施乐合作就是很好的例子。

富士为帮助施乐在日本销售复印机，施乐复印机公司与富士胶卷公司建立了一家合资企业。经过一段时间的发展，这家合资企业开始在全球范围内向施乐供应产品，并成为开发新技术的伙伴。它的规模不断扩大，获利丰厚，并向施乐偿付了一定的红利。

但是，富士的真正价值却在于帮助施乐在20世纪80年代击退了日本人的竞争，遏止了施乐公司下滑的趋势，并帮助其在全球范围内掌握了主动权，合作的意义可谓深远。

企业之间的合作，本身不是目的，而是企业发展和运用资源的手段，这已经成为一种战略。在国际上，同行的大企业之间在面对是残酷竞争还是合作发展时，更多的企业选择了后一条道路，这是同行之间协调关系的一种新形式。

在这里，我们需要明晰两个概念："分蛋糕"、"做蛋糕"。

如果两个渔者面对同一个池塘的有限鱼群，双方为了得到更多"猎物"，开始同槽争食，最后的结果是"竭泽而渔"，最后双方要另寻池塘。这个现象在国际上多有发生，例如一些企业的跨行业、多元化发展多是"竞争"的恶果所带来的无奈选择。这个现象就是"分蛋糕"的概念。

如果两个渔者面对同一个池塘的有限鱼群，他们不断做着补水、清理池塘、喂食、放养新的鱼苗等维护和开发的工作，他们源源不绝的从池塘中捕到新鲜的活鱼，在自己饱食后，还可以拿到市场上贩卖、分给亲朋好友。这个现象就是"做蛋糕"的概念。

"分蛋糕"与"做蛋糕"的区别是：前者是可利用的资源越来

越少，最后资源枯竭，后者是资源越来越多，最后形成巨大的生存优势。

现在的跨国公司在全球市场上"单枪匹马"奋战的很少，他们更多的是采取合作联盟。不过，要提高联盟的效率，还需做出很多努力。合作联盟体应避免与母公司的目标和战略相冲突，消除生产中的重叠部分。

从目前的情况来看，合作联盟有成功的，也有失败的，但它仍在快速增长着。

在合作联盟中应注意的关键问题是，既要增强自己的竞争能力，又要防范联盟中的风险，以此来促进联盟战略目的的实现。

在我们中国，存在很多家族性质的企业，在内他们能团结一致，却往往容易故步自封，不相信别人，不敢与别人合作，在竞争中错失发展良机，最终难免面临企业被淘汰的命运。

在企业中存在的关系是人与人之间的关系。同理，在企业与企业之间，也存在着企业合作的问题。

一家身价不凡的硅谷公司一旦离开硅谷，虽然人还是那些人，技术还是那些技术，但这家公司可能变得一钱不值，其原因就在于这家公司丧失了企业合作的基础，"独木难成林"，众人合作才能做大，这就是"众人拾柴火焰高"的道理。

用一句简单的话说，企业之间的合作就是企业通过合作获取外部资源的能力。大致来说，企业之间的合作经常遵照信任原则、网络共享、互惠互利、共攀高峰。如图：

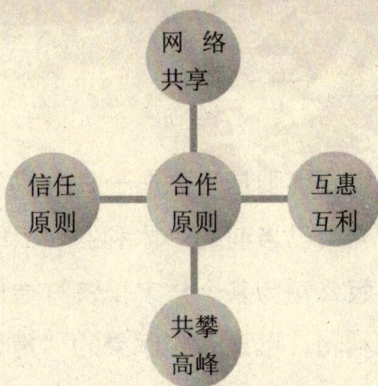

【图】合作原则

信任原则

信任是个体通过一系列相互作用，所获得的对其他个体的可依赖程度的认识，也是一种信心，是要通过一定时间才能获得的。

信任感具有转移的特征，A信任C是由于A信任B而B信任C，如此一来，更大的网络关系就可以以总体的信任水平来表现，而并不需要每个成员之间密切的个体接触。适当的行为规则则是作为一种社会性的交际，并且也是靠不同行为者之间的协商而发生和发展的。

网络共享

2003年11月，TCL与德国汤姆逊公司在香港宣布成立TCL－汤姆逊电子公司，TCL接盘2003年巨亏1.3亿欧元的汤姆逊彩电业务，当时TCL称收购汤姆逊最看重的是"微笑曲线"理论的两端——汤姆逊完整的销售渠道、品牌服务与高端彩电的生产技术，可以让决心进入欧洲市场的TCL节省大量的时间成本。

而研祥和英特尔合作，主要是看重"微笑曲线"的一端：技术合作。

❧ 互惠互利

人们注意到，互惠的规则是建立在一种有效关系的基础上。有时候，它使行为者放弃自己当前的个体利益，目的是为他自身的长远利益。例如一家出版公司为某个作家投资打造作品，在初期，出版公司可能没有什么利润，可是随着作家的"声名鹊起"，拉动了市场，使图书热卖，这个过程就是互惠互利。

❧ 共攀高峰

如果两个航海者，一个有船没有桨，一个有桨没有船；他们希望达到的目的只有合作，这就是互通有无，彼此利用对方的优势达成更宽广的活动空间。

……

英雄时代已经终结，不管什么样的人、什么样的企业，如果不懂得与人合作，还想靠自己单枪匹马，独闯天下，等待他的一定是头破血流，满地找牙。为了整体的利益，为了大局，不仅企业内部人与人之间需要合作，企业与企业之间同样需要合作。

"一个中国人是一条龙，三个中国人是一条虫。"这是一句让每个中国人听起来都颇感无奈的话，即使在人人都呼吁合作的前提下，中国同行间的不合作甚至自相残杀的历史也很难被改写。

从2000年中国彩电业的价格同盟，到后来还未结盟就胎死腹中的中国空调业同盟，中国企业的合作总是难以成功。

加入WTO后，跨国企业将全面进入中国市场，如果中国企业再不合作，那生存几率还剩下多少呢？中国家电业两次不成功的合作，使人们不得不怀疑——加入WTO之后，中国企业就会合作了吗？

20世纪五六十年代，当中国人民还在进行文攻武卫的时候，日本企业就已经开始在全球范围内迅速崛起。

在很多美国的传统优势产业中，美国公司在全球企业界的霸主地位受到了日本人强有力的挑战。通用汽车、福特汽车、通用电气、摩托罗拉、柯达、施乐等大多数美国王牌企业都不得不在日本人面前俯首称臣，美国的家用电器产业甚至被日本人彻底打垮，直到今天也不能恢复元气。

哥伦比亚广播公司、帝国大厦等美国的标志也先后被日本企业所购并。当时的美国国民纷纷惊呼："总有一天，美国也会被日本人所收购。"

日本企业之所以能够在非常困难的海外市场开创出一片天地，合作精神是非常重要的成功基础。由于日本国内市场狭小，国际市场开拓虽然潜在利益巨大，但是风险重重，于是，在共同利益的面前，日本企业变得空前团结。

日本企业在进行新产品研发时能够做到通力协作，即使是最尖端的技术也能完全共享。

JVC公司是松下公司创始人松下幸之助先生所有的一家中型电器制造公司。今天的JVC公司以卓越的研发能力而在日本家电企业中闻名，但在20世纪70年代，其规模只约相当于松下公司的十分之一左右。

该公司第一个重要的研发成果，是在1976年开发出世界上第一台VHS制式录像机，即今天广为使用的家用录像机。之后，该公司成功地说服松下和东芝这两家世界级的大公司接受了其授权生产协议，共同将VHS制式录像机推向市场。

在研发阶段的大部分时间里，JVC公司都与索尼、松下和东芝等日本大型电器公司一起共享该领域最尖端的研究成果。

应该说，如果没有这种技术共享，以JVC公司的实力，是无力单独完成其产品研发的。随着JVC公司产品研发成功而进入生产阶段，相对于全球庞大的市场而言，其生产能力是绝对无法满足的，而松下和东芝的参与，最终形成了日本企业的多赢。

JVC、松下和东芝等日本家电企业都从VHS制式录像机的生产中获得了可观的回报。而JVC公司也为其在今天的发展打下了坚实的基础。

从这个案例中，我们可以看到，虽然是美国人发明了彩色电视机、录像机、传真机、复印机等电子设备，但日本公司的合作精神，却使他们控制了这些产品的全球50%以上的市场份额。

日本企业为什么能够长期合作？

日本企业能够相互长期合作的原因无外乎有两点：

一是在日本国内市场有限时，合作开发国际市场符合多数日本企业的共同利益；二是在市场空间有限时，合作研发的体制能够创造出足够容纳每一家日本公司的巨大的市场空间。

正如JVC公司的高野镇雄先生所说："我们的基本政策是把资讯、技术和规格同时散布出去，市场大得足以容纳每个公司，没有必要由一家公司独占所有利益。"当然，这里所指的公司我们只能理解为日本公司，这是由其独特的民族性所决定的。

中国企业需要的合作，是在共同开发国际市场和共同发掘国内市场潜力这一高层面的合作，而不是在国内现有的有限市场上拙劣的价格同盟。

今天，中国企业的优势在于资源优势和规模优势，但是这种优势并不能给我们带来更多的附加值。在国际市场上，中国制造的产品就是廉价产品的代名词，因为我们生产的产品别人也能生产，而且做得比我们还要好。

产品科技含量不足是限制中国企业进一步发展的最大的瓶颈，而中国企业现有的研发，受到资金和人力资源的限制，只能是对简单技术在低水平层面的重复性研发，或者干脆从国外重复引进技术。但从中国企业的发展来看，这都不是长久之计，因此，中国企业需要合作。

合作与竞争之间的矛盾并非中国所独有，甚至并非人类所独有。这一现象在生物界中普遍存在：当物种间的生存压力增大时，物种内部就会趋向于合作；而当物种内部的生存压力变大时，物种内部的竞争就会加剧。

就好比狼群和鹿群的关系：当狼群的数量增多时，雄鹿就会联合起来，共同抵御狼群的进攻；而当狼群的数量变少，鹿群的生存威胁减小时，雄鹿就会为争夺母鹿而进行激烈的竞争。

中国企业应该学习和借鉴日本企业的合作模式。

② 分享：攻防游戏

人类的成长是从游戏中汲取智慧的，在如今的人际关系、商业运作、竞争合作……这些现象中，都是人类游戏的演绎。

中国的兵法奇书《孙子兵法》，就是运用在战场的"高级游戏"，在两军作战中，一方进攻，一方防守，在"攻"与"防"中，双方的智慧和谋略不断提升。

"以其人之道还治其人之身"，意思就是：诸葛亮用计"火烧赤壁"，大败曹操，后来吴国的陆逊用火攻的计策，火烧八百里连城，致使蜀军70万大军败退。

看来，在一个方法出现后，一定会有更好的方法诞生，这个最好的方法是建立在前一个方法的基础之上的，这是交流和互动产生的结果。

"如果你有一个苹果，我有一个苹果，彼此交换，那么每人只有一个苹果；如果你有一个思想，我有一个思想，彼此交换，我们每个人都有两个思想，甚至多于两个思想。"这是著名文学家萧伯纳讲过的一段话。

这段话生动地说明了争论与交友对于增长知识的重要。有的学生深知这个道理，在临考之前，几个人集中在某个同学家里，丢开课本，一问一答地共同回嚼、热烈讨论，这样做，对记忆实在是有极大帮助。

第一次世界大战后，法国出现了一个"布尔巴基集团"，由一些志同道合的青年组成，他们在一起读书，讨论学问。他们知道得虽然不多，起点也低，但雄心勃勃，大胆交流看法，对一些问题和看法不辩个水落石出绝不罢休，不经反复争辩的文章绝不发表。在"争争吵吵"中，他们弄懂并记住了不少精深的东西，终于在1939年出版了著名的《数学原本》。

从前，有四个盲人很想知道大象是什么样子，可他们看不见，只好用手摸。

胖盲人先摸到了大象的牙齿，他就说："我知道了，大象就像一个又大、又粗、又光滑的大萝卜。"

高个子盲人摸到的是大象的耳朵，"不对，不对，大象明明是一把大蒲扇嘛！"他大叫起来。

"你们净瞎说，大象只是根大柱子。"原来，矮个子盲人摸到了大象的腿。

而那位年老的盲人呢，却嘟囔："唉，大象哪有那么大，它只不过是一根草绳。"哈哈，他摸到了大象的尾巴。

四个盲人争吵不休，都说自己摸到的才是真正大象的样子。而实际上呢？他们一个也没说对。

后来，他们通过交流，每个盲人都去通过实践验证对方的说法。

胖盲人先验证高个子盲人说的"大象明明是一把大蒲扇"，再验证矮个子盲人说的"大象只是根大柱子"，最后验证年老的盲人说的"大象是一根草绳"的结论。

最后，他们都接纳了对方的结论，于是得出第五个结论：大象有着大萝卜一样的牙齿，耳朵像大蒲扇，并且有四根柱子一样的腿，还长着一条草绳一样的尾巴。

这四个盲人通过"分享"，终于还原了一头大象的真实模样。确切地说，他们"发现了第五头大象"。

知识越分享、越交流、越丰盛，你可以发现自己的盲点，从而对自己有一个正确的评估。独守"专利"秘而不宣，最后只能落入闭门造车的困境。

自主创新也要讲充分发挥对外开放的优势，自主创新并不意味着闭门造车，在经济全球化和科技迅猛发展的今天，任何国家和企业不可能在一切领域都独立地发展技术，更没有任何企业可以关起门来进行自主创新。从这个意义上说，重视引进技术的消化、吸收、再创新非常重要。

一般而言，国际上的技术90%以上都为跨国公司所拥有，而跨国公司则通过公司流动，进行技术转让。我们国家之所以把技术创新这个战略定位于引进、消化、吸收然后再创新，其目的就是要在开放的情况下进行自主创新。换言之，引进、消化、吸收这三种形式与创新紧密相关，原创并不是凭空而来的。

这并不是说我们的技术创新要完全依赖于跨国公司，一些关键技术仍然要靠我们自己脚踏实地的做研究，但也不应要求各行各业的每项技术都进行自主研发。因为相当多的技术还是要投放市场的。所以，要达到自主创新的最终目的，关键在于创造一种技术引进的良好环境，从而形成一个健康的竞争氛围。

研祥用一种开放的心态，不仅汲取他人之长，也把自己的经验和心得拿出来分享。

分享的意义对个人而言相当重大。

分享是发现他人优势的最好方法，可以看见自己的心灵的窗户。知名的《周哈里窗户理论》（Johari Window）指出，每个人的内在都像一扇窗，分成四个方块。

第一块是自己看得到、别人也看得到的部分；第二块是自己看得到、别人看不到的部分；第三块是别人看得到、自己却看不到的部分；第四块则是自己和别人都没有发现的部分。

与他人分享的时候，第二块和第三块会越来越小，第一块则会越来越大，因为你会表达自己的想法，别人也会把他所看见的部分告诉你。许多人都认为，只有在工作、当官或做学问的过程中，才能发现人的潜力，其实还有其他方法。

学会分享，在面对困境时，也更容易找到解决的办法。许多好点子、好的做事方法、好的观念，都是透过真诚分享才能获得的，光靠一个人绞尽脑汁，不那么容易突破。

巴勒斯坦有两个内海，一个海里面有各式各样的水生植物和鱼类，叫加利利海；另一个海里面却没有任何生物，叫死海。

为什么有这个差别呢？

因为加利利海承接水源之后，将水给了下游，而死海纳入上游的水之后，却没有出口，因此水中积累大量的盐分，没有生物能存活。

歌德就说过："能分享他人的痛苦的，是人；能分享他人快乐的，是神。"一个懂得分享的企业，生命就像加利利海的活水一样，丰沛而且充满活力。但是，要容纳越多的活水泉源，就需要越宽大的胸怀和更远大的目光。

2005年10月，研祥智能科技股份有限公司受嵌入式领域诸多软、硬件产品供应厂商、系统集成商等企业的强烈要求，在全国主要城市巡回举行规模盛大的第三届嵌入式技术应用高峰论坛，引起了政府相关部门以及社会各界的高度重视和积极参与。

在高峰论坛上，除了中国自动化学会等行业内专家以及企业高层人士参加研讨会，中国科技部、信息产业部、国家发改委等政府机关也都派代表出席会议，足以证明此次会议是行业内最大的一次盛会。

巡回研讨会覆盖了全国最主要的经济区域，包括北京、广州、成都、南京、上海、郑州、太原等十大城市，将以嵌入式技术行业应用为重点（包括网络电信、网络通讯、智能交通、航空航天、金融、医疗、工业自动化等），针对不同行业客户需求量身打造，最大程度解决各领域现存问题以满足行业需求。

研祥作为行业发展的领头羊，举办此次论坛活动旨在加强嵌入式技术应用领域的广泛交流与合作，实现前沿技术、尖端产品的互通有无，把握国际嵌入式技术发展的脉搏，应时而动，在激烈的市场竞争中占领制高点。

在研讨会上，研祥通过一系列实例分析让各企业分享类同厂商在嵌入式技术方面所取得的成就与经验，使其开阔视野，还协助各企业搭建适合本企业发展的应用平台，帮助其解决行业中经常出现的问题，为企业提供行业交流的有效平台，直接把行业内前沿的技术、产品共享，推动和促进中国嵌入式技术在各领域的应用和发展。

类似这样的高峰论坛，研祥经常举办。

在经营管理上，研祥集中出版了一本名为《研祥非经典管理》的书籍，对外进行交流和分享。该书一经面世便得到了来自企业界、学术界的广泛关注与好评。

应众多的读者与企业界朋友的要求，研祥携手清华大学管理学院·清华创业园，清华大学·中国创业研究中心、《经理人》等知名机构在全国七个城市举办"首届中国非经典管理高峰论坛"，其目的是为企业界、学术界搭建一个共同交流、沟通的平台。

③ 兴业："和"文化

"诚信祥和，永续经营"是研祥企业文化中的经典语录。"诚信"是对外，对客户永远诚实不欺，永远以客户为导向，让客户满意；"祥和"是对内，所谓"家和万事兴"，只有服务好公司的内部员工，给员工最好的平台和机会，创造通畅的沟通机制，才能让整个研祥团队其乐融融，塑造和谐的竞争发展氛围。

和谐是一种处世哲学，更是一种至高至纯的企业经营境界。

明月秋风，桃红柳绿，是自然的和谐；琴瑟交鸣，黄钟大吕，是艺术的和谐；和而不同，求同存异，是人文的和谐。宽容是和谐，知遇是和谐，无私仍然是和谐。

佛家推崇的是一个"和"字，其实儒家、道家也讲"和"。

"和"就是和善，与人为善，包括语善、视善、行善，就是要成人之美，成人之善。善待他人，善待周围的所有事物，当然，最后受益的还是自己，也就是善有善报。

研祥的"和"文化，就是希望创造和谐永续的发展状态。

具体来说，研祥的"和"文化有两个境界。如图：

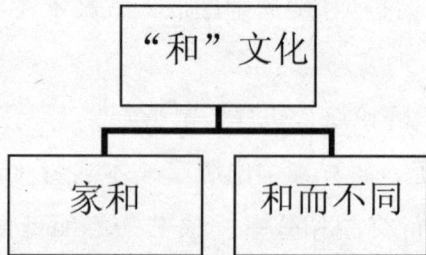

```
                ┌──────────┐
                │ "和"文化 │
                └────┬─────┘
             ┌───────┴───────┐
        ┌────┴────┐     ┌─────┴─────┐
        │  家和   │     │ 和而不同  │
        └─────────┘     └───────────┘
```

【图】"和"文化

🐾 家和

企业的发展需要有一个和谐的内部环境，与股东之间、与员工之间要和谐相处。长期以来，不断发展中的研祥与股东、员工之间形成了融洽、和谐的关系。

👉 股东"和"

相比较而言，股权结构若过于集中，则容易造成企业决策中的"有集中、没有民主"现象，由于没有民主，小股东的利益没有保证，小股东就不会积极参与企业决策，也不会进一步投入，大股东与小股东充分合作，要给小股东以民主的空间，充分调动小股东的积极性。

研祥的"民主"，主要体现在陈志列的开明领导中。

身为老板，在公司内最害怕的事情是什么？权威受到挑战、说出来的话没有人听、传达的命令没有人去执行……

但是，陈志列不怕这些。

在业内，他也是个响当当的人物，研祥智能科技股份有限公司董事局主席的身份足以令他光芒四射。但他坦然地说："我在公司被否定惯了，事实上，每年、每个季度都在发生我被否决的事件，大事小事都有。"

在研祥企业文化的六大价值观当中，最鲜明的特色就是市场导向，而非决策者导向。

陈志列举了几个例子："公司在开发一个新产品的时候，不会以老板的喜好来作决定，也不会只听开发人员的意见，而是市场部、生产部、财务部等各个部门都参与讨论，看市场是否真正需要。

"虽然我是大股东，有足够的权力让公司员工按我的命令做事，但逢到我头脑发热的时候，公司里就会有很多人站出来反对，说你不能这么做。比如说去年，我们决定要买另外一个写字楼作厂房，当时是我和一位副总亲自负责谈判，还找了熟人帮忙，订金都交了，结果被大家给否决了，只好作罢。

"再比如说公司上市的进程，我原本打算用两年完成，大家说你不能规定时间，只能慢慢来，等条件成熟了水到渠成。最后花了三年半时间。"

正是股东之间的和谐，领导者的开明，让研祥公司的各个股东合作无间。

☞ 员工"和"

"家和"重在家庭内部和睦修好，少些父子兄弟妯娌婆媳之争。

陈志列认为，营造"祥和"的氛围，对企业的经营很重要，企业就是一个大家庭。

研祥很早就意识到：公司要"永续经营"，做"百年老店"，人的素质是决定成败的重要因素。提出"祥和"理念，也是源于研祥经营中产生的切肤之痛。

由于研祥公司的创业者有的来自国企，有的来自外企，体制碰撞常常使许多人将60%的精力花费在人际问题上，使公司员工的关系复杂化。这一苗头使研祥意识到，过多的内耗将使企业大伤元气，难以形成凝聚力。

为此，研祥就提出了"祥和"的理念。当然，对这一理念的贯彻是有阻力的，但研祥公司没有让步，研祥公司坚持提倡内部关系简单化。如果两个部门经理发生矛盾，首先是请主管部门调解。如果无效，公司就将对这两个经理进行贡献评估，对公司贡献小的那个将被炒掉。

1996年就有一个典型的例子。两个部门女经理闹了矛盾，两人都很能干、很优秀，但互不让步。最后公司在难以权衡谁贡献更大的情况下，把两个人都炒掉了。

这虽有点"壮士断臂"的滋味，但不这样做，就不能把这种对公司发展有决定性意义的观念贯彻下去。

实践证明，简单、祥和的人际关系，为研祥的进步和不断发展打下了一个坚实、牢靠的基础。多年来，研祥的人才流失率仅为10%。

那么，研祥公司是靠什么办法吸引人才、留住人才的呢？

原来，公司的管理层分三级：基本管理层、核心管理层和董事管理层。在这三个层次中，基本管理层的来源100%采取空降方式选拔人才；核心管理层主要由总监组成，采取一半内部提拔、一半空降的方式；董事管理层的人员则全部从内部提拔。

因为作为最高的管理层，对董事的基本要求就是他需要较长时间在公司证明其贡献力。此外，一个人要认同企业的文化和价值观，也需要一个磨合期。所以，这样的角色一步到位并不见得效果好。

陈志列认为，研祥之所以能吸引人才、留住人才，首先在于嵌入式智能平台这一行业的发展前景，再有就是公司给每个员工提供了充分的发展和挑战的空间。

"万事兴"的前提在于"家和"，而"家和"的前提是协调好家人内部的利益关系。

对工作出色的员工，研祥当然会通过各种方式进行奖励。其中一个基本依据就是对公司贡献的计算公式。这个公式的组成包括职位等级、奖金额度等。作为阶段性的一种奖评，对员工贡献的奖励幅度与公司的经营状况实行联动。

☞ 客户"和"

作为研祥公司的领导者，拿出许多时间研究行业方向和企业的走向，这是很必要的。但是另一个关乎企业成败的关键角色——客户，是绝不可忽视的。

CISCO总裁钱伯斯曾经说过，他在IBM任市场经理的6年中学到了很多东西，其中最忌讳的就是业务管理者离客户越来越远，却对客户说他们比客户知道得更多。在风景优美的CISCO总部，很难找到钱伯斯的身影，因为他把40%的时间都用在旅途中。他每年平均会见212个客户。

由全国用户委员会，计算机世界传媒集团主办的"2003年中国IT用户第一满意度调查"中工控机的用户满意大奖由研祥智能科技股份有限公司获得。

这是继2002年研祥公司获得赛迪顾问及计世资讯相继颁发"2002年度IT用户满意度"奖后，研祥凭其优越的产品品质和服务，继续在国内工控领域保持其产品用户满意度的绝对领先！

用户满意度指数理论是建立在消费心理学、消费行为学及计量经济学的基础之上，是近年来国际上发展起来的质量评价的科学指标。它将质量的技术性、符合性标准，转变为以用户对产品和服务的感受和体验来评价质量，反映了市场经济发展到新阶段的崭新的质量观。

此次调查表明，随着IT产业从快速成长转向成熟期，企业的理念也在发生变化，从关注企业的形象设计到强调客户满意，企业更加重视怎样满足客户的需求，建立忠实的客户群成为企业发展的关键。

研祥智能股份接连两次赢得服务满意度大奖，说明企业的服务理念已经转移到以客户为中心，客户就是上帝。

在各行业提倡"服务制胜"的今天，能否为客户提供积极、有效、快速、优质的服务，满足不同客户的个性化需求，已经成为企业提升核心竞争力、赢得市场的重要手段。

📖 和而不同

和谐的企业并不是无差别的企业，和谐的企业绝不能万马齐喑。无论是在观念方面，还是在企业组织结构层面，"和谐相处"本身就包含着对不同意见和不同群体利益的承认和宽容，这就是"和"而不同、"和"而存异。

研祥的员工不论什么岗位，人人都有充分的上升通道。

研祥的发展需要各种人才，研祥对人才的使用一直坚持"用其长、避其短"的原则。技术人员的长处在于技术，如果你为他设置了一个行政职位，未必能发挥他的积极作用。

为此，研祥对各类人才提供了三个上升通道，只要你工作有成绩，不一定非要有行政职务，收入、待遇也一样会获得提高；行政方面有主管、部门经理、总监、内部总监、总经理；业务方面，有业务代表、业务经理、高级经理、资深经理、特派经理；技术方面，则包括助理工程师、工程师、高级工程师、资深工程师、主任工程师。

最高业务级别的员工与副总经理同等待遇，所以，目前在研祥，有些部门经理的收入和奖金还没有部下的高。这一制度，对员工的工作热情和创造力的激励非常有效。

但不要据此便认为陈志列是一个"耳朵根很软"的老板，恰恰相反，在某些原则性问题上，陈志列绝对是充分行使"老板权威"的。

研祥公司的员工都了解，这个平日里健谈、随和的老板，其实最容忍不得办事拖拖拉拉，缺乏效率。陈志列和公司的高层管理者们经常挂在嘴边的一句话是"说就是撒谎"，陈还经常告诫全公司内部的员工，要"一张纸、一支笔，写清楚、给专人"。

这句陈氏格言到了2001年升级为"用电脑、用网络、写清楚、E

专人"，但内涵不变。当某些需要备忘的工作仅做了口头传达而被遗忘时，那个遗忘的人就会以"说就是撒谎"来回复传达者。陈志列甚至鼓励这样的"推卸责任"，从而在全公司培养了一种严谨、准确地用"写"来沟通的习惯。

一些民营企业家喜欢把"生杀"大权永远掌握在自己的手里，而陈志列则喜欢授权给下属，主张"管理层操盘"。

陈志列认为，实际上，一个企业是否成功，很大程度取决于个别人离去后，企业是否还能够正常地发展。一个成功的企业家尤其是民营企业家，应当是一个杰出的人力资源管理专家。

研祥董事会对各部门充分授权，形成"管理层操盘"的布局，主管们很少越级管理。陈志列本人也绝不染指下属的权限，陈志列充分相信他们的判断力和处理问题的能力，这无形中也提高了工作效率。我们经常看到一些公司的老总在外面接电话说"等我回来再定"，这种情况在研祥公司是不存在的。

研祥商道 下篇

所谓「商道」，就是指商业道德和道法。研祥的商道是以全员的参与为本，以提升每一位员工为目的。做事做人，借事修心，让每一位员工的生命价值得到最高的体现，让生命的本质得到最大的悟化；让研祥成为中国的，也成为世界的；让中国制造早日成为中国创造。

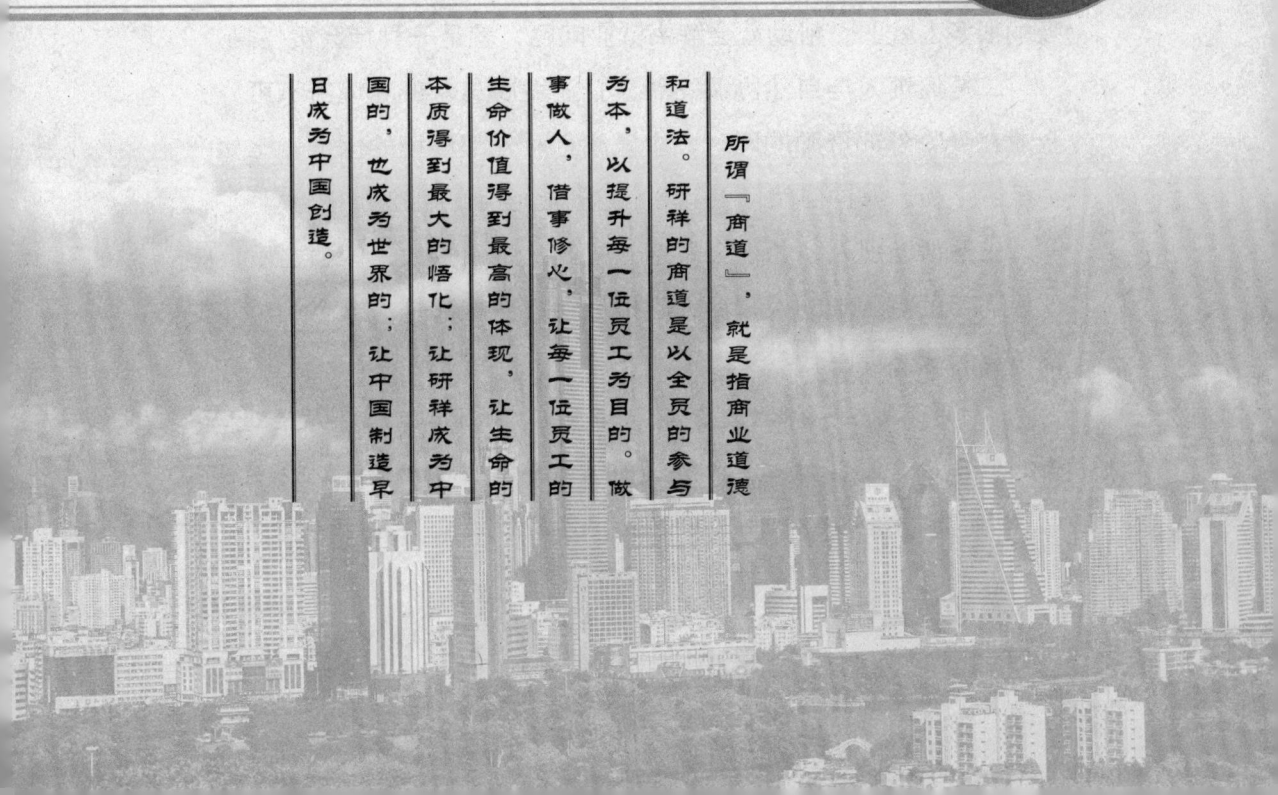

第五章

商道即
人道

① 善道：亲民至善

松下幸之助曾说："商道就是善道。"

善道就是无私给予需要帮助的人以帮助，不求回报，不求回馈。

企业公民责任就是企业的社会责任，因为企业有其社会性，影响比个体大。企业做大、做强之后，应该回馈社会。

企业回馈社会有很多方面：

一是企业做大、做强之后，遵章纳税，为国家多做贡献，同时吸纳很多人就业，帮助社会解决就业问题，就是一种社会责任。

二是促进人与自然协调发展。企业发展与外部环境密不可分。企业在吸收外部资源的同时，应该注意对外部环境的保护，比如维护生态平衡，保护自然环境等等，这也是企业的社会责任。

三是帮助别人，为社会做慈善事业。企业做大、做强之后，应该尽力帮助有困难的人，尽力回报社会，这些都是一个企业对外应该负起的社会责任。

"对内，我觉得企业关爱员工，培养员工，对员工负责，也是企业社会责任的体现。真正关心员工，培养他们正直的品格，帮助他们树立正确的价值观，让员工成才，也是企业作为社会公民应尽的责任。"陈志列如是说。

企业是社会的细胞，更是社会中的"公民"。之所以提出"企业公民"这一概念，是因为企业具有经济人和社会人的双重人格，承担着相应的商业责任、社会责任和环境责任。社会是企业的依托，企业是社会的细胞，承担社会责任，是一个优秀企业必备的职责。

一个真正有责任心的企业，最终是在正确地、默默地承担着社会方方面面的责任。

研祥认为，企业不仅是创造利润的社会单元，更是承担社会责任的重要载体，应该在个体生存发展和社会群体共生中寻求平衡。

企业之效益得益于社会，作为一个有志于长远发展的企业就要"取之于民，用之于民"，产业兴企，更要产业报国。产业报国是研祥永远坚持的宗旨，也是研祥社会责任的重中之重。

研祥心系社会，立足研发。当研祥发展到有足够能力帮助社会弱势群体的时候，陈志列便开始了产业报国之举：

☞ 防止生态恶化，研祥带头治沙阿拉善。

2006年，陈志列担任阿拉善see生态协会常务理事。阿拉善see生态协会是以防止内蒙古地区草原沙漠化为目的，以研祥公司董事局主席陈志列先生为代表的中国企业家以自己的行动担负起的社会责任，并将其汇集为一个事业——改善和恢复内蒙古阿拉善地区的生态环境。

☞ 关注西部儿童教育，陈志列参与"童梦园"慈善义拍。

2006年9月，由联合国儿童基金会发起的计划在中国西部的10个省、自治区的32个县，为150个自然村的校外青少年及辍学儿童建立"非正规教育学习基地"，该活动吸引了包括研祥公司在内的来自书画界、演艺界、工商界的各界精英，共150余人出席了慈善晚宴，并为"童梦园"这一长期慈善项目慷慨解囊。

☞ 助高原儿童得见蓝天，陈志列捐资西藏盲童学校。

2006年，"爱心·光明"西藏盲童学校纪实摄影展在深圳举办。研祥公司董事局主席陈志列先生在得知西藏盲童学校的困境之后，毅然慷慨解囊，帮助西藏盲童解决手术经费问题，早日重见光明。

关爱母亲水窖，热心公益活动。

2008年元旦，在中央电视台"春暖2007，滴水汇聚爱心" 大型公益晚会的现场，陈志列向中国妇女发展基金会"母亲水窖工程"捐助30万元现金，并说道："我们是一家搞科技的专业公司，但是，专业的企业更应该在社会公益事业和扶助弱势群体方面奉献出更多的爱心，研祥愿意把每位员工和公众的需求当做自己的事业来做，并将其做好！"

……

对于参与社会公益事业，陈志列的态度是：那是很自然的事情，不用拿出来当事说，更不用去强调，就像一个男人担起家庭责任一样平常。尽社会责任有多种方式，出钱并不是最重要的。

"我们除了有对口的扶贫地区之外，每年也会从定点的扶贫地区召集一些职高、中专的学生到研祥来工作。不仅是让他们每个月有生活费寄回去改善家里的生存状况，我们还有意识对他们进行运营企业能力的培养，每年都有。"

"我们还会鼓励一些优秀的员工回到自己家乡的镇上、自己的县城去开办企业，做小老板。在河南某个县城的一条街上，曾经有四个网吧的老板都是我们的员工，我们还送设备给他们，让他们带领当地人致富，效果非常好。我们进行的是技术扶贫，我觉得，以这样的方式去扶贫才能拔出贫困的根。那些有能力做公益的企业都可以用这样的方式去帮助穷人，会得到别样的成就感。"陈志列如是说。

在深入谈到社会责任时，陈志列特别强调一点。他说："一个企业的社会责任有没有尽到位，要先看这个企业内部的责任做得够不够，由内而外承担社会责任，这才够彻底！"

研祥由己及人，从内而外地把承担社会责任作为自己的发展根本。

"一边向社会捐款一边拖欠自己员工的工资，这能算是在尽社会责任吗？记得研祥在争取成为美国某公司的供应商的时候，该公司派人来我公司考察。他们也不看其他的，就看我们的社会责任，他们看我们员工的工资有没有低于国家法定的基本工资，看员工加班的时间是不是符合国家的法定时间，还看员工的宿舍和食堂条件、劳动保护程度，看企业有没有依法纳税，环保做得到不到位，产品的品质有没有给消费者带来损害。他们认为这些是企业最基本的社会责任，是考察企业过不过关最重要的条件。"陈志列说道。

确实，从陈志列的言语背后，我们可以看到：研祥公司的行事原则在15年来一直非常透明、公开，没有任何不良记录，经得起国家任何机构的检验。

研祥从不故意拖欠、克扣员工工资；重视维护股东利益；努力担负企业经济责任。研祥高层认为，当一个企业经常拖欠或者克扣员工工资时，员工会无法安心工作，容易激发矛盾，从而影响到社会的稳定；股东权益得到保护，股东愿意增加更多的投资，企业才有可能发展壮大，从而服务社会。而尽力让企业产生效益，生产社会需要的产品，才能丰富人民的物质生活，为国民经济的快速、稳定发展贡献一份力量。

第五章 商道即人道

"以前，国内的舆论界都是以很片面的角度来评定某个企业的社会责任，以为企业给某某捐款了，它的社会责任就到位了。公益活动只是社会责任的外在部分。你必须先把自己的企业做好，把内部的责任尽到位，再用企业的实力去帮助他人，这才是做了有意义的事，而不是虚张声势做点公益，达到宣传自己的目的。"陈志列这样说。

企业生存和发展有赖于一定的社会环境，回应社会的需求，是企业理性的表现。随着民营企业地位和作用的提升，人们有理由希望他们不仅仅关心利润和向股东负责，而且应当自觉担负起必要的、更多的社会责任。

到目前为止，人们对企业社会责任的具体内涵尚无统一的规定，在陈志列看来，民营企业担负的社会责任主要应当有以下几个方面：合法经营、照章纳税；爱护资源、保护环境；重视安全、珍惜生命；创造条件、扩大就业；融入当地、服务社区；助弱济贫、共同富裕。

企业担负一定的社会责任，不仅有利于社会的进步，而且也有利于企业自身的发展。根据美国"企业社会责任促进会"的报道显示，一个对社会负责任的企业能获得很多利益，包括降低业务开支、扩大企业品牌的影响，增加销售额、提高用户的忠诚度等等，其中业务增长率是其他企业的四倍，就业增长率是其他企业的八倍。

从全球角度来看，企业社会责任（CSR）已经成了企业竞争的法宝。有调查表明：在美国，84%的消费者愿意选择具有社会责任感的企业的产品；在企业500强公司中64%的公司，已经发布了企业社会责任的独立报告和财务报告。

CSR才是生产力之源，当年联想的下岗女工公益广告"从头再来"篇，占据流行音乐榜八周不下，就是一个很好的正面例子。这样的广告不仅为联想赢得了声誉，也诠释了企业的社会责任感和人文关怀。

"不义而富且贵，于我如浮云。"这是孔子在论语里教勉学生的话语，也是香港一代富豪李嘉诚的座右铭。

李嘉诚曾多次在公开场合中强调，金钱不是衡量财富的准则，更不能决定生命的价值。李嘉诚坚持"取诸社会，还诸社会"，设立了被他称为"第三个儿子"的"李嘉诚基金会"，精心呵护其发展壮大，以实现自己"奉献家国桑梓"的夙愿。

李嘉诚在长和业绩会上表示："基金会是我第三个儿子，基金会的分量有一日一定不会少于我的三分之一财产。基金会由1980年成立至今，捐款已近80亿港元。"

"君子谋道，小人谋食。"

"道"是顺其自然，企业的财富取之于民，也要回馈于民（社会），这样的企业才能持续的形成良性循环，得到永续经营，这也是研祥的"诚信祥和，永续经营"的初衷。事实证明，研祥做到了，其企业影响力和品牌力一直被公众认可。

"食"是利，"君子喻于义，小人喻于利"，研祥以义取利，其诚信度被合作伙伴、经销商以及国际上的合作伙伴看好。我们也发现，那些只顾无限度地索取，"一毛不拔"的企业，其发展的生命历程是短暂的，那些不合法经营、不照章纳税；不爱护资源、不保护环境；不重视安全、不珍惜生命的企业一直被人唾弃。

用陈志列的话说："在企业承担社会责任方面，我们（研祥）从不曾走开，我们也从未放弃，这么多年来，研祥作为中国特种计算机行业中的代表企业，对自身的榜样作用一点也没有懈怠。"

陈志列本人是通过自己艰苦卓绝的努力，把研祥由一个不知名的小品牌带到今天这个位置，其间接触到各色人等，尤其在生活边缘上挣扎的人们，曾经给予他很多感动。如今作为特种计算机行业的领军者，他已经可以通过成长壮大的研祥，把自己的努力回馈给社会。

陈志列说，"诚信祥和，永续经营"是研祥的经营宗旨，他认为企业的经营之道在最终极意义上，与《大学》的开宗明义是一样的，"在亲民，在止于至善"，"祥和"与"至善"是研祥永远的追求。

② 正道：正而有为

企业文化就是企业的灵魂。正如老子在《道德经》中所曰："天下万物生于有，有生于无。"这个无声、无形、无体的东西就是"道"，就是万物之灵魂。这也应该是积极、健康的企业文化的来源及其巨大作用的真正内涵。

万物的根源是"道"，而道恰恰是最重要但看不见的东西。同样，企业文化是一种精神，它需要通过具体载体才可显像，它是企业的灵魂，它无形且具有强大的力量。

公司的一切具体工作都受企业文化指导，围绕着它铺开和落实，成败由它，正因如此，不论领导者还是企业员工都必须用十分严谨的态度来对待它。

俗话说：做人要走正道，经商要走智道。作为现代企业来说，正道与智道两者缺一不可。研祥的企业文化更多的传承了"正而有为"的思想。

"正"是孔子修养的第一要义，指问心无愧，不做让自己后悔的事，不做害羞的事，精神健康，一身正气。

正气是很重要的，一个人没有了正气，就是看人脸色的软骨头；一个企业没有了正气，就会营私舞弊，造假贩假；一个社会没有了正气，就会奸佞当道，恶法泛滥；一个民族没有了正气，就只能任人欺辱。

什么是正气？不必在词语上多加解释，只需从行动中见精髓。

春秋晋国有一名叫李离的狱官，他在审理一件案子时，由于听从了下属的一面之词，致使一个人冤死。真相大白后，李离准备以死赎罪，晋文公说：

"官有贵贱，罚有轻重，况且这件案子主要错在下面的办事人员，又不是你的罪过。"

李离说："我平常没有跟下面的人说我们一起来当这个官，拿的俸禄也没有与下面的人一起分享。现在犯了错误，如果将责任推到下面的办事人员身上，我又怎么做得出来。"他拒绝听从晋文公的劝说，伏剑而死。

正人先正己，做事先做人。

管理者要想管好下属必须以身作则。示范的力量是惊人的。不但要像先人李离那样勇于替下属承担责任，而且要事事为先、严格要求自己，做到"己所不欲，勿施于人"。

一旦通过表率树立起在员工中的威望，将会上下同心，大大提高团队的整体战斗力。得人心者得天下，做下属敬佩的领导将使管理事半功倍。

管理者自然是要管人的，可是中国人自古以来都喜欢管人，却不喜欢被人管。但是，有时候却例外，那就是只要我服你，你想怎么管都成，你怎么说我就怎么做，丝毫不会怠慢。

管理者怎样才能让手下心服口服呢？西方人总是向外寻找方式，制定种种的规章制度，以此来约束人；而中国的管理者总是从自身寻找办法，那就是正人先正己，十分注重个人的修养，时刻严于律己。

研祥认为，一个优秀的企业管理者，必须具备以下四个方面的职业修养。如图：

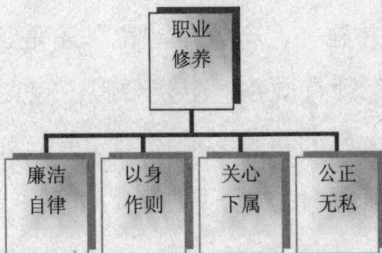

【图】管理者的职业修养

☞ **廉洁自律**

比如，在研祥企业内负责采购的，绝对不能接受客户的贿赂，不管客户给钱还是给礼品，都不能要，也不要接受对方非礼节性的"宴请"。

俗话说："吃人家的嘴短，拿人家的手短。"

只要吃了、拿了，以后的工作中就会被人家牵着鼻子走，采购的物资要么质量会出问题，要么价格高。总之，都会给企业带来一定的经济损失。

再比如，负责人事管理的，如果接受了别人给予的好处，就会在以后的工作中丧失公正的原则，不该聘用的聘用了，不该升迁的升迁了，不该奖励的奖励了，该受处罚的不敢处罚了……结果，企业的用人制度就会遭受严重破坏。

☞ **以身作则**

企业的规章制度必须保证上至董事长，下至普通员工都能严格遵守，制度面前人人平等。在企业里，带头破坏各种规定的往往不是员工，而是管理者。所以，作为管理者以身作则执行好各项规定，尤为重要！正所谓："己身正，不令而行，己身不正，虽令不行。"

☞ **关心下属**

研祥提倡，"人心换人心"。管理者只有真心实意地关心你的下属，大家才能真正理解你管理上的要求之严格。所谓管理，要"宽严相济，恩威并施"，不管是"宽"还是"恩"，其实最重要的一点还是管理者必须有诚心，不要"假仁假义"。

大家知道，一个好的将领必须做到"爱兵如子"，同样，一个好的管理者，也必须做到关心下属。

☞ **公正无私**

每个人心里都有一台"天平"，管理者能不能做到公平、公正，下属都会心里有数的。只有管理者公正无私，在严格管理时才能被大家理解，才不至于怨气冲天，"怨声载道"。

③ 诚道：以诚取利

诚信——是做生意的古训，信誉、信用对大小企业都是同样重要的。

在这个世界上，犹太民族和汉族的诚信口碑都不错。

"诚信"更是研祥实现企业经营目标的根本保障。

提起企业文化，研祥公司的一位员工说："我们的价值观就是诚信，以市场为导向，以成败论英雄。"事实也的确如此，研祥每一位员工都诚心诚意地对待合作伙伴，信守承诺，对自己的言行负责；根据市场需求的轻重缓急，合理配置企业资源。

以"诚信"对客户，创造一个"祥和"的内部环境；用最简单的方法管理最琐碎的事情；充分发挥每个人的主观能动性，是研祥对于经营和管理的三条基本原则。

诚信，是儒家倡导的重要道德规范。孔子说："民无信不立"；孟子说："反身而诚，乐莫大焉"；司马光说："诚者天下之道"。他们都把诚信视为人的立身之本、处世之道。

研祥在经营过程中，较好地贯彻了儒家的这一主张，奉行诚信为本，表现为诚实经营、信守承诺。他们特别强调以诚待人，认为"惟诚心待人，人自怀服；任术御物，物终不亲"。

研祥的经营原则是"诚笃不欺人亦不疑人欺"，故其研发的产品，不论在质量和品质上都获得了长久而良好的商业信誉。

研祥奉行的诚信为本，还表现为守法重约。

现代社会，资讯发达、信息透明、法制健全，无论从商、从政还是为人处世，唯有坚持诚实守信、平等待人、彼此无欺，才是长远制胜之道，才能有效促进企业与社会和谐。

市场经济是契约经济、法制经济，在市场经济条件下促进社会诚信体系建设，除了从制度设计上发挥法律与契约的规范作用，还应强化人们的法律意识与契约意识，守法重约一直是研祥企业文化中常提及的理念。

义与利，是儒家关注的核心价值命题。

在这个问题上，孔子、孟子、荀子等都主张以义为重、先义后利，强调"君子义以为上"、"见利思义"、"非其有而取之非义也"、"先义而后利者荣，先利而后义者辱"等等。受儒家思想影响，研祥把"重义"视为经商的重要原则，强调宁舍利取义而不见利忘义。

正确处理义利关系，今天仍然是促进企业自身与社会和谐所必需的。在社会分工与合作十分发达的条件下，人们的社会化程度空前提高，人与人之间具有高度的利益相关性。在一定意义上可以说，现代社会是一个"人人为我，我为人人"的有机统一体。

爱国主义、集体主义、互助友爱等，都是促进社会和谐与健康发展的"大义"所在。每个企业在谋取自身利益的过程中，必须考虑自己的行为是否符合并有助于促进国家利益、社会利益、集体利益，同时，也要考虑是否妨碍他人合法利益的实现。

在个人利益与国家利益、社会利益、集体利益发生冲突的时候，应该使前者服从于后者。只有这样，才能实现和谐社会"在共建中共享、在共享中共建"。

例如，在世界经济发达、环境日益遭到破坏的情况下，研祥近年来推出了绿色健康工控机，其出发点正是对"以义取利"思想的最好实践。

我们的工作环境中（尤其是在各种设备应用的现场）存在着电磁辐射，包括X射线、紫外线、可见光、红外线和特高频、高频、中频及极低频电磁场，也有静电场，其产生的电磁辐射都会对环境和人体健康造成危害。

电磁辐射无色、无味、无形，可以穿透包括人体在内的多种物质，长期处于高电磁辐射的环境中，会使血液、淋巴液和细胞原生质发生改变，影响人体的循环系统、免疫、生殖和代谢功能，严重的还会诱发癌症，并会加速人体的癌细胞增殖。

电磁波干扰、电磁波污染已成为当今社会的一大公害。

研祥绿色健康工控机从主板到配套的机箱，从电路设计、PCB CAD设计、BIOS功能到机构设计等软、硬件各个方面都充分考虑到可靠性、防电磁辐射、抗电磁干扰、防震动、电磁兼容、节能、静音、抗菌、环保等，在每一个细节上都做到了精心设计。

在工控机个性化的基础上，增加了工控机的人性化，不仅有效地吸收和降低工作环境中各种设备发出的电磁辐射和电磁干扰，保障使用者的身心健康，而且改善我们的工作环境、保护工控机使用者的自身健康。

研祥绿色健康工控机以保护人类健康为使命，采取多重独具匠心的防辐射手段，将电磁辐射、震动防范得滴水不漏。

信息时代的来临使得绿色工控机的应用越来越广泛，其应用领域也在不断扩充。

作为我国最早从事信息产业的工控机生产企业之一，研祥智能股份及时地将环境保护意识和健康意识融入到工控机产品的生产研发中，并义不容辞地充当了这一领域的先行者。

诚信是中华民族的传统美德，是中国道德文化的核心，在古代早就有过许多论述，如"人无忠信，不可立于世"，"人而无信，不知其可也"等。

从现代意义上看，诚信不仅是一种道德要求，一种用来评价人的基本尺度，而且是现代企业的一个黄金原则。

企业诚信则是指企业在市场经济的一切活动中要遵纪守法，以信取人。在市场经济中，企业诚信具有经济学价值，是对企业在道德、法律等方面价值的肯定，是企业无形资产的重要组成部分。

管理学大师彼得·德鲁克指出："大量而广泛的实践证明，在企业的不同发展阶段，企业文化再造是推动企业前进的原动力，但是企业诚信作为企业核心价值观是万古长存的，它是企业文化与企业核心竞争力的基石。"

企业诚信，作为企业文化的重要组成部分，它孕育于企业文化，扎根于企业文化，渗透于企业文化，是企业文化不可或缺的重要组成部分。在研祥的企业文化中，"诚信祥和，永续经营"是其成事立业的根本。

研祥认为，企业职员讲诚信要从四个方面出发，一是对自己诚信，二是对同事诚信，三是对企业诚信，四是对客户诚信。

如图：

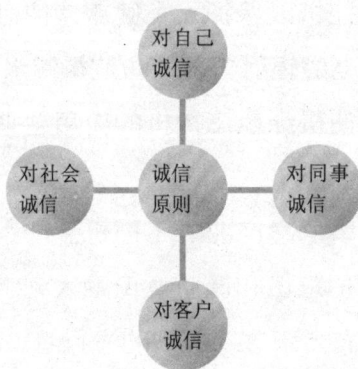

【图】员工的诚信原则

❧ 对自己诚信

研祥认为，一个人在对外讲诚信时，首先要对内讲诚信。

其实，在每个人的灵魂深处都会有善与恶，正与邪，美与丑，是与非的两面性。对自己讲诚信，就是召唤内心深处善良、正义、美好等众多好的品质，让我们做一个善良的有正义感的有是非标准的人。

对自己讲诚信不仅仅是对自己的监督，对自己的负责，更是我们加强个人修养、提高个人素质的一部分。能够对自己讲诚信，会让我们觉得心底无私天地宽，觉得自身力量大无边，觉得自己是个堂堂正正的大写的人，会让我们对一切事都无所畏惧，大义凛然。

对自己讲诚信是爱岗敬业的集中体现，这样才可以推己及人。一个人在不喜欢的岗位上做自己不喜欢的事，就是不诚信。

诚信可以焕发爱岗敬业精神，有了这样的意识，才会在自己的工作岗位上勤勤恳恳，不断地钻研学习，一丝不苟，精益求精，才有可能为团队和企业做出奉献。

对工作的态度取决于一个人的素质和一个人的诚信。不管是什么工作，只要自己选择了，就应该尽自己的能力去做好，你选择了就是你自己的事，并不是老板的事你就可以马马虎虎。要把工作当自己的事业来做，那样才能做好，才能得到别人的信任。做生意就是做人。反过来，做人就是做生意。

❧ 对同事诚信

对待同事要诚信，这具体表现在对同事以诚相待，同事有困难要及时给予帮助。

但如果问一下，如何对待自己的同事，也就是如何进行内部沟通，恐怕就不是这样了，至于其他同事要求协作的事情，就要看一下，我有没有时间；我心情是否好；是否是我的责任；我做了有什么好处，是不是有奖金发；不做又怎么样，是否也不至于扣工资，能否明天再做……

上面的一些问题，是"诚信"的缺失，凡此种种行为都不利于企业的发展，同事间只有以诚相待，这样才能营造出和谐、积极的氛围。

对企业诚信

对一个企业来说，讲诚信对内要取信于员工，取信于投资者；对外要取信于国家、社会和客户以至合作伙伴。

对一个人而言，只要养成一种对事业的高度责任感和忠诚度，讲求和遵循诚信的原则，才能得到社会的信赖，才可以被委以重任，这是个人取得成功的关键。

在商业活动中，诚信是企业核心竞争力的一个组成部分和发展的基石，也是企业文化的一个重要体现。不讲诚信，不守信誉，也可能一时得利，但绝不会长久。诚信的反面是欺诈，任何欺诈行为只能对诚信社会造成伤害，企业一旦失去信任感，那是一定要倒闭的。对个人来说，如对企业欺上瞒下也势必遭到失业的危险。

对客户诚信

如果问一问公司的所有员工：要怎样对待客户？可能大家会回答：客户就是上帝，肯定要好好的对待。推荐合适的产品，根据市场信息和公司的优势进行报价，一步步跟进，有时候还要请客、陪吃、陪玩。

因为业务部门是企业最直接的收入部门，客户就是公司的摇钱树。有的老板就这样说过，不要说你们的工资是我发的，其实是客户发给你们的。可见，客户对于企业的重要性；服务好客户对于销售人员以及整个企业的重要性，都是不言而喻的。

诚实、守信是一个人做人、做事的基础和前提，也是一名企业员工必须遵守的前提。要想得到他人的信任，自己首先要做到值得信任。

人无诚信不立，业无诚信不兴，诚信是每个人的立足之本。只有以诚为基、以信为本、大处着眼、小处着手，方可赢得客户的信任。否则，没有诚信，个人、事业不可能长远的发展。

　　如果对一个客户不诚信，失去的其实是一大片客户。如果同客户说大话、说假话、说空话，但又无法兑现，那么老客户都不再信任你，不给介绍客户，营销人员就要不断地开拓新的客户，这种时间成本是很高昂的。

　　诚信表现在很多小事上，比如向客户承诺几点钟会面就一定提前赴约，如果因特殊情况无法准时到，也一定要给客户说明原因。如果把这当做小事而不重视，客户就会觉得你连守时都做不到，其他的承诺怎能兑现呢？

第五章　商道即人道

第六章

品质为王

① 人品即产品

有一对夫妻，下岗后开了一家小酒厂，自己烧酒自己卖，也算有条活路。

丈夫是个老实人，为人真诚、热情，烧制的酒也好，人称"小茅台"，有道是"酒香不怕巷子深"，一传十，十传百，小酒厂生意兴隆，常常是供不应求。

看到生意如此之好，夫妻俩便决定把挣来的钱投进去，再添置一台烧酒设备，扩大生产规模，增加酒的产量。这样，一方面可以满足客户需求，另一方面可以增加收入，早日致富。

一天，丈夫外出购买设备，临行之前，把酒厂的事都交给了妻子，叮嘱妻子一定要善待每一位客户，诚实经营，不要与客户发生争吵……

一个月以后，丈夫外出归来。妻子一见丈夫，便按捺不住内心的激动，神秘兮兮地说："这几天，我可知道了做生意的秘诀，像你那样永远也发不了财。"

丈夫一脸愕然，不解地说："做生意靠的是信誉，咱家烧的酒好，卖的量足，价钱合理，所以大伙才愿意买咱家的酒，除此还能有什么秘诀。"

妻子听后，用手指着丈夫的头，自作聪明地说："你这榆木脑袋，现在谁还像你这样做生意，你知道吗？这几天我赚的钱比过去一个月挣的还多。秘诀就是，我给酒里兑了水。"

丈夫一听，肺都要气炸了，他没想到，妻子竟然会往酒里兑水，他冲着妻子就是重重的一记耳光。他知道妻子这种坑害客户的行为，会将他们苦心经营的小酒厂的牌子给砸了，他也知道这将意味着什么。

人品即产品，人品即财富，做人容不得半点水分，丝毫不能作假，否则，人一旦倒了牌子，失去了信誉，什么事都很难做成。所以，想要成就一件事，不妨先擦亮自己做人的牌子。

产品体现人品，人品决定产品；产品与人品相互促进，产品以质为本，人品以德为本。然而，产品是由人生产出来的。所以，归根结底，人品决定产品，人品决定企业的命运。

研祥奉行"产品等于人品"的质量理念。松下幸之助也有同样的观点，他认为企业首先"生产"人，其次才是产品，也就是说只有高素质的人，才能生产出高质量的产品，所以，松下幸之助提倡"造物先造人"。

产品是能满足人们某种需要的一切物品和劳务，一个完整的产品概念是立体的，包括核心产品、形式产品、延伸产品三个层次。对企业来说，产品不仅是物质实体，还包括随同物品出售前后所提供的服务等等。

对消费者来说，购得一件好的商品，是一种享受。对企业来讲，生产出不好的产品，不仅会给消费者带来物质损失，而且还会给其造成精神上的损害；对企业将来更是一种损失，既损失了企业的金钱，又毁掉了企业的形象。

所以，我们说"企业的所有产品都是有道德的，产品也是人品"。任何产品都会不同程度地映射着经营者的人品，因为经营者的理念会不自觉地影响整个团队，因此，作为企业的经营者首先应该注重自身的品德修为，古今中外，许多哲人都对人品的优劣和修为作了详尽的诠释。

浮华是短暂的，而人品却是永恒的，经过时间洗礼的人品将与日月同辉！

因此，奉行"产品等于人品"的质量理念会使企业越做越强。研祥公司本着"质量就是生命"的宗旨，对员工的人品和素质提出了更高的要求。

那么，如何造就完美的产品？

任何时代，做企业至少要兼顾两个环境，首先是企业自身的小环境，其次是外部社会的大环境。如果只做好一个环境，另一个环境却跟不上来，那么做好企业、做好产品、做好诚信、做好质量就是一句空话。

工控行业正处于发展壮大期，并且正朝着越来越规范化、制度化的方向发展。"没有不景气的行业，只有不景气的老板。"研祥从成立之初，一直关注和践行着自己的品质观——产品等于人品。

把产品和人品紧密相连，融为一体，就是要让员工形成这样一种理念，只有高素质的人，才能生产出高质量的产品，要像维护自身形象一样维护产品形象，这样，企业才能实现又好又快的发展。

产品即人品。它是企业形象的载体，是企业文化的象征，关系到产品品牌能否深入人心，能否赢得消费者的忠诚和信赖。

在我国改革开放的今天，面对全球经济一体化，面对买方市场，企业只有做一流的产品，才能树立起良好的企业形象，才能在激烈的市场竞争中站稳脚跟。

所谓慈不带兵，善不理财，质量管理亦如此。研祥在选择质量管理人员时，喜欢选择那些性格比较固执、正直、刻板甚至是苛刻的员工，用他们刚直不阿的人品把好产品的质量关。

当产品流向市场时，还要主动地接受市场的监督，善于听取消费者的批评，并为消费者提供优质的服务，这也是企业领导者为人处事风格的体现。

我国的一些知名企业都特别重视消费者的意见，有的企业还在消费者中设立了"用户监督员"，通过听取消费者意见，不断改进产品，这正如做人，必须善于接受批评、教育，才能形成良好的人品。

产品千种万种，但精髓只有一个：产品即人品。

在研祥，考核产品质量，一定要经历三关。如图：

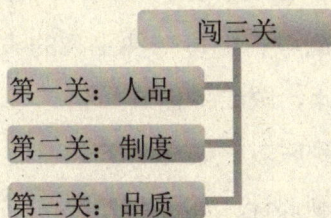

```
            ┌─────────────┐
            │   闯三关     │
            └─────────────┘
                   │
  ┌──────────────────┐
  │ 第一关：人品      │───┤
  └──────────────────┘   │
  ┌──────────────────┐   │
  │ 第二关：制度      │───┤
  └──────────────────┘   │
  ┌──────────────────┐   │
  │ 第三关：品质      │───┘
  └──────────────────┘
```

【图】闯三关

🐾 人品关

结合多年的工作经验，研祥形成了一个理念，那就是产品质量的好坏可以直接反映出员工人品的好坏。如果产品没有做好，研祥会追究相关责任人的人品，人都没做好，做的事怎么能行呢？因此，产品好不好关键是由人品决定的。

人品关没问题了，后面的产品关就容易过。

关于产品质量，陈志列认为，人是最主要的变量，当人是负数的时候，质量必然是负数。在紧密相连的集体协作中，团队里只要出现一个"负数人"，其他人的劳动就会被变性为"负值"。

🐾 制度关

研祥认为，没有严格、合理、规范、有效的规章制度；没有严谨、务实、简洁、高效、生动、活泼的企业文化，很难想象会生产出优质的产品。

做对的事情，且一次做好。只有用心去做才能制造出好产品！用心铸造的产品和只用力气敷衍出来的产品，从严格意义上讲，不是同一种产品，只有用心的、经过超值奉献打造出来的产品才是最优质的产品。

简单的事情，重复一万次就是不简单。古人云："天下大事，必作于细；天下难事，必成于易。"海尔总裁张瑞敏说，把每一件简单的事做好就是不简单；把每一件平凡的事做好就是不平凡。细节决定成败，做人如此，做产品也是如此。

产品即人品，说到底就是，每件产品都是为人类服务的，产品带给人们以方便和福利，让人感受到产品的好处，最终获取应有的利润，物尽其用以后，其人品才能得以充分的展现。

🐾 品质关

研祥的"品质制胜"战略给我们现代企业的启示是深刻的，在以用户需求为核心的买方市场环境下，研祥能用一种发展的观点看待一个产品，尤其是工控机这样一类特殊产品的品质问题，并根据用户的关键需求全面提升了产品品质的含义，使其不仅涵盖了产品的整体设计、综合性能、使用便利性，还包含了产品的购买便利性、有力的售后服务保障以及未来的可延伸性等指标，从而全面提升了研祥智能工控机的品质，并最大限度地保护了用户的利益。

在商业竞争日趋激烈的今天，许多企业明显感觉到生存的压力和发展的艰辛，业务拓展越困难，客户维持越困难。

对于一个企业，客户是企业生存发展的根本，这已成为不争的事实。那么，我们如何去吸引他们、怎样留住他们便成为现代企业必须面对的一个难点和问题。

市场学权威研究表明，占企业客户总量20%的关键客户将创造企业80%的收益。这就要求现代企业研究和识别其关键客户及客户的关键需求，并能够切实的满足客户。唯有如此，企业才能顺利地赢得他们。

同时，市场学研究的另一项成果认为，在现代社会中，客户的开发费用要远远高于其维持的费用，这意味着维持老的客户比开发新的客户更经济。

② 品质生命线

当前，在买方市场的大环境下，用户对产品越来越挑剔，产品品质越容易成为用户决策是否购买的重要因素和决定因素。与之相应的，聪明的厂家也开始在提升产品品质上下大力气，借此大力提升企业品牌，并以品牌的整体优势赢得市场竞争的优势。

从本质上讲，用户购买产品是为了获得它的使用价值，也就是满足其生产、生活中的某种需要；在商品经济不发达和消费者购买力不高的情况下，用户所追求的是商品的基本使用价值，而对于商品的使用便利性、外观设计以及相关的服务等附加使用价值并不看重或者压根都没想过。

在当时，也许产品坚固耐用也就代表了它的"卓越"品质，同时，对于绝大多数用户来说，产品价格是他们最为关心的。于是，产品的品质和价格就成了客户购买产品时的决定性因素。

时至今日，市场大环境发生了根本性的变化，当今社会产品已经极为丰富，消费者的购买力显著提高，同类厂家之间的竞争日益激烈；同时，在买方市场的条件下，消费者对产品的品质越来越挑剔，除了追求产品的基本使用价值外，也非常看重产品的使用便利性、外观设计、技术与服务支持等附加使用价值，对产品品质提出了新的标准和更高的要求，品质也就具有了新的涵义。

现代社会，品质是产品质量的一个综合指标，它包括了产品的整体设计、综合性能、形式多样的技术与服务支持、产品使用便利性、可延伸性等许多方面。

一个品质精湛的产品无论在产品的整体设计、综合性能，还是在技术与服务支持、使用便利性、未来可延伸性方面都必须进行通盘的考虑、优良的设计，并在质量保证方面提供明确的保障。

一个成功的高品质产品一定是站在用户的角度，细致深入地考虑了他们的现实和潜在需求，对产品的性能、可靠性、灵活性、持续可用性等方面提出了明确的质量保障和承诺，从而极大地保护了用户的最大利益。因此，现代用户越来越重视产品的品质，产品价格不再是决定性的因素，他们选购产品时往往选择最佳的性能和价格比。

随着信息技术的纵深发展，高新科技不断涌现，在某些特殊领域，产品品质在决定用户购买产品时往往起到了决定性的作用。

以工控机（也称工业计算机、产业电脑）为例，它是一种具备特殊性能的计算机，它能够在苛刻的外界环境下连续长时间地稳定运行，这产生于传统工业中过程控制与制造自动化对计算机高适应性和高可靠性的特殊需求。

抽样调查表明，用户在选购工控机时首先考虑的是产品的品质与服务。在国内市场，他们往往愿意购买研祥生产的工控机，尽管其他品牌的工控机并无特别的差异。进一步的调查发现，用户普遍认为，他们购买研祥智能股份工控机产品的根本原因是：由于研祥产品提供的卓越品质（性能、使用便利性、灵活性、可延伸性等）和品质保障（技术服务支持、质量保证等）。

卓越的产品品质源于对品质的高度重视和执着追求，研祥智能股份便是一家视产品品质为企业生产发展根本的企业。现代营销和市场竞争意识在研祥已经基本建立，用户需求决定企业生产，用户需求创造企业价值。

通过客户拜访、阅读报纸杂志、网站咨询以及参加展览会等多种途径的严格市场调查，深入研究用户和市场的关键需求，并以此为导向组织企业的研发、生产、销售和服务。

通过对工控行业和用户需求的深入研究和准确把握，研祥认定提升产品品质是打动客户和提升品牌的关键，同时也是提高研祥综合竞争能力的关键。

为了保证研祥产品的高品质，公司设立了最强大和完善的品质保证系统，直属于公司总裁的品质总监，从设计采购到生产销售的运作中，对质量改善有绝对的权力和责任，在总监下面分设认证部、中试部、工厂品质部和分公司品质控制员。如图：

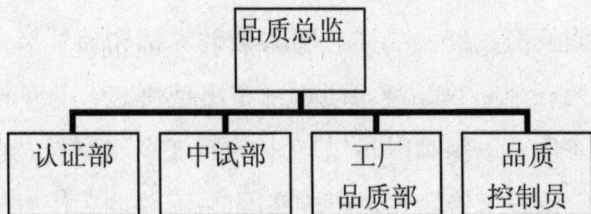

```
                    ┌──────────┐
                    │  品质总监  │
                    └──────────┘
          ┌───────────┬────┴────┬───────────┐
     ┌────────┐  ┌────────┐ ┌────────┐ ┌────────┐
     │ 认证部 │  │ 中试部 │ │  工厂  │ │  品质  │
     │        │  │        │ │ 品质部 │ │ 控制员 │
     └────────┘  └────────┘ └────────┘ └────────┘
```

【图】品质保证系统

认证部负责对供应商进行认证和评估，保证采购到质量最好的材料，中试部负责对研发出来的新产品进行全面的测试，保证各项指标和性能达到客户要求的水平，工厂品质部负责对整个生产过程的品质进行控制，保证生产出来的产品达到要求的水平，分公司品质控制员负责搜集市场客户对研祥产品质量的反馈，为进一步改进研祥产品质量提供依据。

这四个部门协调进行工作，使得公司产品从研发到销售都处在有效的控制中，从而保证了研祥产品的高品质。

第六章　品质为王

品质是设计出来的，是生产出来的，而不是检查出来的，这是研祥从总裁到生产线工人的共同认识。基于这一品质理念，全体研祥员工都在努力，每个人都把自己的工作做到最好，以自己工作的高质量来保证整个公司产品的高品质。

同时，品质是永无止境的。品质没有最好，只有更好，基于这种品质观念，研祥人不断地改善和提高品质，使得研祥产品的品质不断提高，在这样的基础上生产出了高品质的研祥产品。

为客户提供高品质产品是研祥的最大目标，对于任何可能给客户带来不便的质量问题，它都会在最短的时间内解决；为了对客户负责，研祥还设立了产品召回制度，对于任何有潜在质量隐患的产品，即使是客户使用没有问题，也会主动要求客户更换产品，把这些有隐患的产品收回公司，按照规定进行处理。

研祥智能股份在产品品质方面的精益求精和持续努力已经结出了果实，作为一个新兴品牌，研祥正在迅速崛起；几年来，研祥产品的销售业绩几乎每年都以超过100%的速度高速增长，业界权威机构最新的一份调查报告显示，研祥在国内PC总线工控机领域的市场份额已高达23%，无论市场占有率还是品牌知名度和影响力都已稳居国内市场前两名。

研祥认为，精湛的产品品质来源于先进的技术，发展至今，研祥已拥有一支近1000人的专业研发队伍，在所有同行业中，研祥是唯一一家在国内设有大型开发、生产基地的厂家，并在硅谷、台北设有技术中心，从而在新技术的把握、新产品的推出速度、产品成本与服务等方面都是国内同行所无法企及的。

此外，研祥还积极引进了国际领先的产业PC生产流程及其相关核心技术，使得研祥无论在硬件的生产设备还是软件的技术研发力量方面都是最硬的、最好的，从而为其卓越的产品品质提供了坚实的保障。

购买便利性和售后服务也是精湛品质的应有之意。在销售、服务网络方面，研祥由九家直属分支机构、上百家代理商组成了庞大的销售、服务网络，保证了广大客户随时、随地都能购买到"EVOC"产品及享受到完善的联保服务，在售后服务方面，目前研祥是唯一提出并做到"一月保退"及实行"全球联保"的企业。

基于研祥对于产品品质的高度重视和不懈努力，研祥在国内同行中首先通过了ISO-9000国际质量体系认证，为其拥有自主知识产权的"EVOC"工控系列产品广销欧美并成为国际工控产品知名品牌奠定了坚实的基础。

用户对研祥产品的精湛品质及其完善的售后服务更是倍加赞赏，使用研祥智能股份产品的用户得到的是严格保障的计算机高可靠性，切实保障了用户作业系统的持续可用性。

十年磨一剑

深圳市研祥智能科技股份有限公司在1993年创业时，也是从一间房、三五人和几万元的启动资金开始的，公司创始人陈志列凭着自己在西北工业大学工业计算机专业所学的知识，和多年外资企业摸爬滚打所积累的经验，他敏锐地捕捉到EIP产业巨大的市场前景即将来临，所以研祥从开始创业就把目标锁定在了工控机领域，从工控产品的代理、销售做起。

研祥公司做代理时，代理的是台湾品牌，因为当时的台湾品牌在内地的EIP市场上一手遮天，占据着整个内地市场，国家每年要花费大量外汇进口工控机产品。

同时，在产品代理的过程中，陈志列和他的研祥公司发现，进口产品不仅价格高，并且技术水平上要比国外落后若干年。

同时，他也深刻地认识到工业控制计算机对中国产业实现自动化、智能化所起的重要作用，而且这个领域也是与国际前沿高科技接轨最紧密的；正是在这样的背景下，研祥公司加大资金投入，建立生产线，成立了专门的研发队伍，一举打破了当时"洋"品牌在中国EIP市场一统天下的格局。

正如CCID（信息产业部计算机与微电子发展研究中心）评论的那样："研祥对于中国的IPC事业，做出了巨大的贡献，如果不是研祥推出了'EVOC'品牌与他们竞争，那么中国的用户还要承受长时间工控机昂贵的采购价格，也不可能享受到如此完善的售后服务；就在中国工控机用户无以回旋的时候，是研祥的奋起打破了这个闷罐和格局！"

经过15年艰苦卓绝的发展，研祥公司实现了由工控产品的销售代理到国内最大的EIP产品领军品牌；从跟进式生产到拥有自主知识产权的规模化产品研发及制造企业；从单纯的技术引进到引领国际先进EIP技术潮流等一系列重大突破。

现今的研祥已经成为集嵌入式智能产品研发、制造、销售以及系统整合于一体的高科技企业。目前，研祥公司产品涵盖工业级产品，已经被广泛应用于交通、通讯、金融、能源电力、煤矿安全、安防、医疗、工业现场等各行业，为中国工控产业实现自动化、智能化、信息化做出了突出贡献。

从卖产品到拥有专利，研祥公司已经发生了质的变化，但专利仅仅表现于企业行为；而能够成为标准的制定者，才可称为真正意义上的行业领军者。

2004年，深圳市人民政府正式批准研祥公司成立目前国内唯一的嵌入式产品工程技术中心，主要研究、制定工业控制计算机的国家标准；目前，这项工作已经基本完成并进入实质性的阶段，在不久的将来，以研祥公司主导制定的行业标准，将为行业的发展起到积极的推动作用。

同时，研祥还是国家规划布局内重点软件企业、国家火炬计划重点高新技术企业、中国企业信息化500强，产品被列入国家重点新产品、国家火炬计划、国家科技兴贸行动计划，公司商标已经成为"广东省著名商标"，成为业界知名品牌，正在向驰名商标的目标迈进。

2003年10月10日，研祥公司成功地在香港联交所上市，股票代码8285，成为国内同行业第一家也是唯一一家在国内设立大型研发、生产基地的上市公司。

在初步取得成功的背后，陈志列和他的研祥公司依然清醒地认识到：技术落后必然使竞争力落后，竞争力落后的企业必然无法生存。

所以，在技术创新体系上，研祥公司建立了"预研—在研—改进"的研发体系，使产品线实现了不断创新、不断改进、不断提高的目标。

同时，研祥公司以国际领先技术为目标，加大资金投入，每年的研发投入平均占销售收入的8%左右。技术水平始终处于行业领先，并使企业在保持领先的同时、确保先进技术可以马上实现产业化。以2006年为例，研祥的销售收入与去年同期相比增长30%，利润增长65%。

研祥公司多年的技术创新，不仅在国内享有良好的声誉，也引起众多国外高新技术企业的关注。国际知名的INTEL公司作为研祥公司的供应商，始终关注着研祥的发展，连续多年与研祥公司在中国EIP领域紧密合作，生产和研发出一系列优质、高效的工控机产品；同时在2005年12月签订了一揽子协议，进一步加深了双方在嵌入式领域的合作。

在稳固国内市场的同时，研祥公司也通过互联网将产品销往全球各地，并且在2007年定位为"国际年"，实现国外销售跳跃式的发展；同时也将技术推广到国外，多次承接日本、美国、英国、印度等国家的技术研发业务，更加证明了研祥智能国际领先的技术水平。

在技术创新的过程中，研祥公司也十分注重企业管理的创新。在自身发展的过程中，研祥公司在吸取其他先进企业管理经验的基础上，总结并形成了自己独特的企业文化和价值观，并在企业内部有效的实施。

2004年，由人民邮电出版社出版的《研祥非经典管理》一书，将研祥10年发展过程的管理经验进行了总结。直到今天，研祥"非经典管理"，仍被广大民营企业视为企业管理的标杆，备受推崇。

如今，在全球市场一体化的形势下，研祥公司已经开始调整发展策略：立足深圳、面向全国、全球，已经成为研祥公司新的发展战略。研祥已经在北京、上海成立了研发中心，西安研发中心也已于2007年3月成立。

2007年2月7日，研祥智能公司正式乔迁进入自己投资建设的研祥科技大厦，这个亚洲地区最大的特种计算机研发基地占地面积约1万平方米，建筑面积6万多平方米。它的建立，也标志着研祥智能二次创业的开始。

自主创新，领先行业，是研祥公司现在的目标，也是未来的目标。"长风破浪会有时，直挂云帆济沧海"，研祥公司将在以后的发展中继续加大创新力度，实现持续发展，为中国工控行业的发展贡献自己的力量！

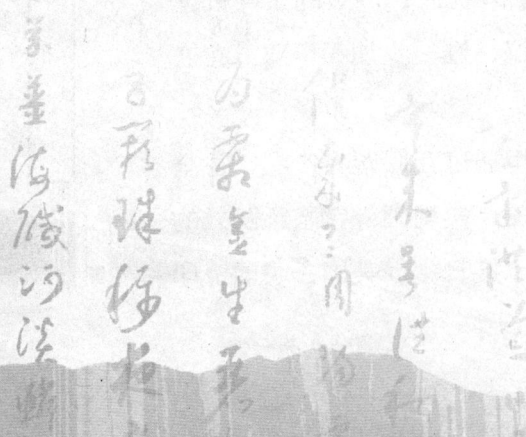

第七章

品牌
行销

1 品牌度提速

作为AAA级企业，研祥通过严格规范的管理，简单明了的操作流程和责任明确的规章制度保证了企业正常有序的持续发展。

ISO认证和德国TUV认证这两个金字招牌，使研祥在中国工控行业中一时无二，大有"一览众山小"的感觉，产品质量和技术上的领先使研祥的发展更为快速、迅猛，市场占有率所向披靡，品牌知名度如日中天。

研祥如今能取得如此佳绩，这得益于有策略性的营销活动。

👉 **市场营销策略**

市场营销策略决定着企业开创名牌活动的成败。

研祥始终认为，在实践中必须遵循其客观规律性，把握基本原则，这是搞好市场营销的前提条件。研祥在充分了解了产品、消费者、市场规模和前景、竞争对手、销售渠道等情况，并对未来发展趋势有了正确的把握之后，把客户满意，营造名牌摆在第一位。

👉 **市场定位策略**

市场定位策略是实施名牌战略的有力手段。

当今商战竞争异常激烈，企业如何为自己的产品找到恰当的市场位置，达到出奇制胜的目的，这一点非常重要。

研祥依据市场定位理论进行策划，开发出的产品成功率大大增强。一般而言，市场定位策略分为功能定位、品质定位、是非定位等几种类型。研祥通常是按照实际需要选择适用自己产品的市场定位策略。这样做的目的是有针对性，利于企业把握客户。

☞ 产品价格策略

产品价格策略是拓展名牌战略的有效方法。

现代市场经济，商品价格是活跃的、多变的，影响商品价格的因素又是多种多样的。价格策略是企业市场营销策略的重要组成部分，它在很大程度上影响着市场需求和购买者的行为。价格的重要性和定价所具有的买卖双方双向决策的特征，都使定价策略成为市场营销组合中最难确定的一个部分。

……

总之，研祥定价从研祥战略目标出发，选择恰当的定价目标，综合分析产品成本、市场需求、市场竞争等影响因素，运用科学的方法、灵活的策略，去制定客户能够接受的价格。而且，研祥不提倡价格战，研祥有责任规范EIP行业。

美国兰德公司曾花20年时间跟踪了500家世界大公司，发现其中百年不衰的企业有一个共同的特点，就是他们始终坚持四种价值观：

一是人的价值高于物的价值。

二是共同价值高于个人价值。

三是社会价值高于利润价值。

四是用户价值高于生产价值。

这些正是打造企业核心竞争力的一个重要"着力点"，同时，也是发挥企业核心竞争力的重要"支点"。

这些价值伴随企业的发展变迁和经营活动的成败考验，日积月累沉淀为企业文化，并转化为企业凝聚力和活力的源泉。所以，企业文化是研祥成长中重要的支撑点。

研祥提升品牌知名度的七个关键环节。如图：

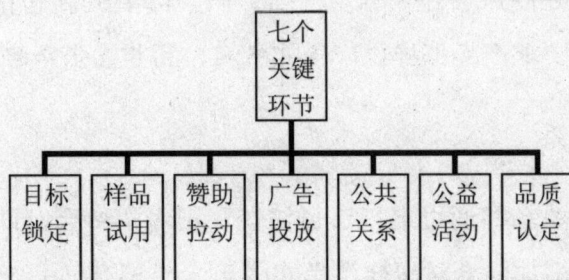

```
        ┌──────┐
        │ 七个 │
        │ 关键 │
        │ 环节 │
        └──┬───┘
  ┌────┬───┼───┬────┬────┬────┐
┌──┴─┐┌┴──┐┌┴──┐┌┴──┐┌┴──┐┌┴──┐┌┴──┐
│目标││样品││赞助││广告││公共││公益││品质│
│锁定││试用││拉动││投放││关系││活动││认定│
└────┘└───┘└───┘└───┘└───┘└───┘└───┘
```

【图】提升品牌知名度关键环节

✍ 目标锁定

逐一拜访研祥产品定位的每一个市场、每一个城镇，向目标消费者推荐产品，这些对象包括调研的群体，具有影响力的意见领袖或团体，通过他们推动产品知名度的传播。

✍ 样品试用

通过免费赠送样品使目标消费者有机会试用公司的产品，同时达到走访每一个市场的效果。样品试用的前提必须保证样品的质量，能把样品大胆地给予客户使用，足见研祥对产品的十足自信。

✍ 赞助拉动

研祥赞助实验室、赞助围棋运动等赞助形式打响了自有品牌的知名度，研祥赞助的依据就是对产品的特性以及各类活动的属性予以恰当的选择。赞助的目的是提升品牌在行业里的知名度，同时在

不相关的领域扩展品牌效能。

❧ 广告投放

虽然广告只是品牌经营核心的表面形式，但广告的确有它存在的道理，无论是硬广告还是软文广告，研祥需要的就是精致，就像研祥一如既往要求产品那样。广告的务实，而非虚张声势。

❧ 公共关系

开展公共关系，通过电视节目访谈、记者招待会、研讨会、技术交流等形式增加公众对研祥产品的认知。

❧ 公益活动

其他社会性活动，如研祥的助学基金、协会合作以及其他社会公益活动都有效地提升了研祥的知名度。

❧ 品质认定

研祥先后获得的品质认定：ISO9000质量认证，科技成果鉴定，AAA级企业，技术创新单位，最佳服务满意度奖，中国信誉保证企业，信息化应用500强等。

Ⓩ 文化行销

在国内营销界，"行销"和"事件"两个关键词总是关联起来的。不过，现在越来越多的商家正在谋求把"文化"和"行销"两个关键词对接，并以文化行销的方式来传播品牌。

说到品牌，在一般消费者的意识中，他们多考虑到简单的商标和一些象征性的符号。事实上，一个成功品牌的存在，商家和消费者赋予它的内涵实在是太多了。

在一个成功品牌的构成中，文化可以说是品牌中的DNA。

在一个成功品牌的构成中，或许有人会说是产品，包括产品的质量，但我们不要忘记了品牌正是依附着产品身上的符号，而这个符号代表的不仅仅是一个名称，他更直接的给予消费者的是一种信任、满足和实用。可见，这个信任和满足才是消费者在寻求实用基础上的真正需求，代表这一需求的只有文化。

人类因梦想而伟大，企业因文化而繁荣。

文化不仅是赋予企业本身的光环，也是表现产品力的一种精神。"万宝路"就是通过文化来集中展示和传播品牌，通过宣传美国西部的文化，"万宝路"也以强悍、勇敢、很男人的内在涵义得以流传。

在著名的 "行销二八律"中，"人性律"摆在了第一位，这也说明以满足人性需求的文化特性才是最关键的，尤其是在今天产品同质化越来越严重的市场白热化状态下。

研祥深得此道，例如，研祥在世界经济越来越发达，环境日益遭到破坏的情况下，近年来推出了绿色健康工控机，其出发点正是对"人性化"追求的一种表现，其提出的绿色营销、环保、健康的理念都是对"人性化"的实践。

海尔在创造"海尔，中国造"这一文化特性时，就是以传播海尔文化而使得品牌知名度和美誉度大幅提升的。"海尔"这样两个字符最初跃进我们视野的时候，是以"海尔兄弟"的动画文化行销的，它后来就成了海尔品牌直接的代言，这比那些依靠名人代言寻求一夜成名的轰动效应来得更直接、更忠诚，也使得消费者感觉到其产品是最可信赖的。

一个弱势品牌要想成为强势品牌，不是依靠"标王"或者邀请某名人代言能一蹴而就的，通过文化的行销方式来传播品牌，将越来越得到商家的认可。

"物竞天择，适者生存。"

市场竞争也一样的淘弱存强，千变万化，企业为了生存和发展，会产生逐步的过渡：成本竞争力→质量竞争力→品牌竞争力→服务竞争力→文化竞争力。如图：

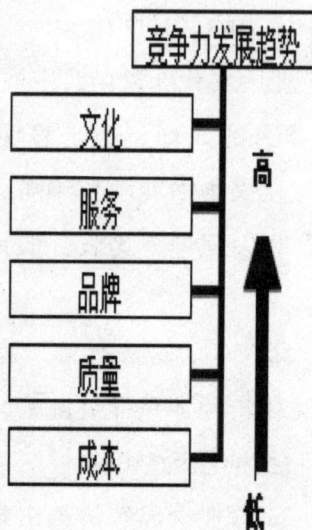

竞争力发展趋势

文化
服务
品牌
质量
成本

高

低

当企业所属行业发展到一定的成熟阶段，主要竞争对手的成本竞争力、质量竞争力，品牌竞争力和服务竞争力各方面趋向相当时，就进入文化竞争力的阶段，竞争的是企业的综合实力、综合素质以及由文化底蕴所决定的企业力量。

实际上，多数的管理思想和技巧都植根于特定的文化环境和价值体系中，所有管理的过程中，人都是最重要的。土地、设备、生产要素都可以被购入，而企业特有的人力资本与团队创新思想，无法被分拆、被抄袭、被移植，只能靠自己来塑造，这是企业差异化营销的关键要素。研祥的"文化行销"正是差异化营销的一个重要表现。

品牌文化是企业品牌建设的核动力，未来市场的主要竞争是品牌竞争，而塑造品牌的根本是文化因素，就是说品牌所蕴涵的文化传统和企业核心价值取向，它是决定一个品牌能否持久的关键。

而作为品牌文化本身，它是一种特殊的组织文化，是企业自身在文化的支配上逐步形成自身特色的基本信念、核心价值观、行为规范等以及与自身文化相适应的思维和行为。

研祥在品牌方面的文化行销主要是立足挖掘品牌精神，我们在谈品牌文化的同时，必须正视和提炼品牌精神，品牌精神就好比是企业精神一样，是展示给消费者的一种风貌和姿态。

作为工控业的大亨，研祥一直把"从'中国制造'到'中国创造'，做中国制造的脊梁，自强不息办企业，出一流人才，作一流贡献"作为研祥的精神，并在此后多项的文化活动中都借鉴和挖掘包括以"做中国制造的脊梁"为中心的品牌精神。

研祥董事长陈志列的"一张纸、一支笔、写清楚、给专人"的提法早已在业界闻名遐迩。2000年后，电脑普及，这个管理格言也随之更新，变为："用电脑、用网络、写清楚、e专人。"

这种独具特色、性格鲜明的企业文化对企业的发展促进显而易见。它使企业内部的工作关系大为简化，工作效率明显上升。

在研祥，无论职位高低，人人都必须严格执行罚款的管理规定，大大降低了反复犯同一错误的几率。罚款的手段在许多企业都有运用，但像研祥那样透明、彻底的却不多，所以，像他们这样行之有效的也不多。作为一种处罚手段，"罚款不是最好的措施，但肯定是最有效的方法"，陈志列这样评价他们的罚款效率。

研祥追求自由、平等的工作氛围和发展环境。"上下直呼其名"的做法是研祥的惯例，所要体现的则是一种自由、平等的思想。试想，有几个公司要求员工不可以称呼上司的头衔而必须直呼其名，否则就要接受罚款处理的？

在研祥，每个人无论是行政系列、业务系列还是技术系列，都

有充足的上升空间，试想，哪个公司的技术人员或市场人员可以凭业绩的出色，得到相当于总经理或总监级别的工资和待遇？在研祥就有，且不止一个。这种自由、平等各得其所的思想，市场导向与技术导向并重的行为，是研祥的成长中最有凝聚力和张弛力的因子。

研祥鼓励创新，允许犯错。在研祥的企业文化概念中，鼓励创新意味着三个主张：雷同永远落后，创新才有发展；提供良好的创新环境，允许失败；专事专人做，新事新做法，对事不对人。也意味着永远的改进：变是市场永远不变的规则；所有的工作、品质及服务，永远都有进一步改进的空间。

研祥出版的《研祥非经典管理》一书，其更加看重的是由此而产生的"文化传播效应"，这也是营销的一种手段，在业界称为"文化行销"。

2004年是国内EIP（嵌入式智能平台）企业争夺市场最为激烈的一年，具体体现在广告投放的大幅度上涨，但并不是说谁的广告做得多，谁的市场占有率就大。出现这种情况主要是因为企业固有的营销模式已经失灵。就目前来看，国内各EIP企业推出的产品在功能上不相上下。在这样的大环境下，消费者除了考虑产品本身的性能、价格以外，更多的是看中企业自身的实力、售后服务、经营理念等。

在这种情况下，研祥推出了自己成功的管理心得——《研祥非经典管理》一书，就是要以此为契机，加大研祥自身品牌建设的力度，以品牌的魅力吸引更多的消费者，并且不断地加大在已有客户心目中的认同感，培养品牌的忠诚度。

2005年是研祥的"产品年"，研祥公司在强势推出新产品的同时加强企业文化行销的力度。我们看到，研祥与相关部门合作，在全国10个大城市召开中国首届"非经典管理"峰会，进一步把"非经典管理"这一新鲜出炉而又行之有效的管理方法提出来。

　　研祥文化本身蕴涵了研祥公司好多消费者层面上的价值观。比如说，以市场为导向，永远的改进，用心服务客户等等，都表明在研祥，一切的工作都是以"消费者"为中心，消费者的需求是研祥研发、生产的来源；消费者对研祥产品品质的要求是研祥孜孜追求的目标；消费者对于研祥产品售后服务的期望是研祥立足于EIP行业的根本；消费者对研祥产品品牌的认同和接受是研祥不断创新和发展的不竭动力；消费者对研祥的肯定和信任是对研祥最好的鼓励和褒奖。

　　总之，研祥文化已经成为研祥公司与广大消费者沟通的载体，消费者认同研祥文化，就是向认可研祥产品迈出了一大步。在这种意义上，研祥行销文化就等同于行销研祥品牌。

　　文化不仅是赋予企业本身的光环，也是表现产品力的一种精神。研祥公司正是站在这样的高度，正在实现着"品牌制胜，文化致远"的宏图！

③ 名牌化之路

　　虽然研祥在国内的通信、交通、网络、视频、监控、军事、工业现场和仪器仪表等领域具有相当高的知名度，但与世人皆知的"雀巢"、"奔驰"、"耐克"、"麦当劳"等国际名牌还无法相提并论，无论是品牌价值、经营规模还是市场化程度都迫使研祥承认差距的存在。

　　研祥认为，缩小与国际名牌的必由之路是走规模化、集团化、多样化、国际化、专业化的"五化"道路。如图：

131

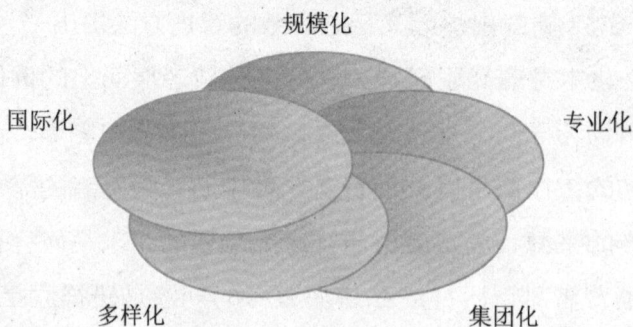

规模化

国际化

专业化

多样化

集团化

⊰ 规模化

企业规模化，即：量的扩张和质的提高。前者，是通过新建、扩建、购并、联合等方式，推动企业所支配的经济资源在量上增长；后者，是通过技术进步、劳动生产率提高、资源合理配置、生产合理组织等方式，推动企业所支配的经营资源在质上改善。这两种规模化方式要相互结合。

仅15年的时间，研祥实现了由工控产品的销售代理，到国内最大的EIP（嵌入式智能平台）产品领军品牌；从跟进式生产到拥有自主知识产权的规模化产品研发及制造企业；从单纯的技术引进到引领国际先进EIP技术潮流等一系列重大突破。

现今的研祥已是集嵌入式智能产品研发、制造、销售以及系统整合于一体，是同行业中唯一在国内设立大型研发、生产基地的上市公司。

在深圳，研祥的客户之集中也分明地体现了它的规模和行业优势。云海、宇龙等大客户以及相关的POS机和ATM机，都无声地述说着研祥的辉煌。

在研祥的战略中，做大规模是毫无疑问的选择。这一方向，在世纪之交的研祥面对资金和市场的发展选择时已落子成局。跟随客户需求，挖掘和引导客户，创新客户需求，将这个目标作为企业义务的研祥，其规模化发展势必成为客户和对手共同关注的焦点。

集团化

企业集团不仅要重视体制整合，而且要重视内部结构调整。企业集团内部结构的调整包括产品结构和产业结构的合理化及高级化，其依据在于产品或产业的寿命周期，集团的战略发展方向、集团的核心优势、各行业的竞争状况等因素的综合平衡。

企业集团化，其手段体现在"集"字上，其目的体现在"团"字上。只"集"不"团"不是研祥所要的集团化。换句话说，集团化要解决好企业集团的凝聚力和向心力问题，解决好集团经营活动的统一战略、指挥、协调问题。只有这样，才能真正发挥企业集团的规模经济、资源、市场、技术、管理等优势，才能真正与世界名牌抗衡。

多样化

由于技术进步等因素的影响，产品淘汰率增加，企业如果只经营一种产品或仅处于一个领域，会面临较大的经营风险，而通过多样化经营，可以寻求更合适、更有前途的成长领域。现今，我国企业的多样化程度不高。

研祥采用的是多样化的销售模式。主要以区域市场直销、代理商渠道销售和产品事业部销售为主。这样一来，可以使研祥更加直接地了解市场动态，获悉用户需求；另一方面，也可以将研祥的新产品、新技术直接与用户需求挂钩，在实践中检验研祥的技术，并直接为用户提供服务。

研祥采用行业多样化服务。研祥智能的产品目前已经在石油石化、通讯、公路、铁路、城市轨道、烟草、金融、能源电力、煤矿安全、安防、博彩、医疗设备、工业现场等各行各业得到广泛应

用，逐步替代了进口产品。除特种计算机产品外，研祥智能也已经研制出税控、金融收款机、基于zigbee技术的无线智能产品等。在中国目前所处的阶段，上述行业是广泛存在的，可以说，特种计算机是用在各行各业中的。研祥不仅仅销售产品，也销售技术和服务，即为用户提供整体解决方案。

研祥采用产品多样化开发。现在的研祥每个月就会有十几款新产品推出，除了原先的工业主板、机箱产品、I/O模块外，今年研祥还推出了8个产品线，主要包括特种计算机整机产品、网络产品、CPCI产品、PC/104产品、人机交互产品、测控模块产品、装备产品、无线产品。深入的行业包括电力、电信、交通、工业、能源、环保、医疗、金融、商业、网络、政府以及其他相关领域。

✍ 国际化

研祥公司董事局主席陈志列在给记者阐述研祥公司的国际化战略时，用了以下16个字：练好内功、博采众长；区域布局、技术制胜。

早在中国加入WTO的那一年，公司就已经意识到世界经济一体化的趋势和公司国际化战略的必要性。针对这种情况，研祥公司的策略是先站稳脚跟，着力提升公司经济和技术实力，力争先在本土打败强大的跨国公司对手，再走出去占领国外市场。

自主研发的大量投入、不断的产品技术创新、2003年在香港成功上市、2006年国内市场占有率达到30%以上……在经过几年成功的发展积累后，2007年，研祥公司的国际化战略随之展开。

"EVOC"的国际化之路可以说是经过研祥管理层精心的谋划分析的，不仅参考了大量的案例，还聘请了许多专家来公司授业解惑，尤其是涉及重大的战略性问题时，都要经过多次的反复论证。

在这个过程中，联想、华为、海尔等优秀企业的成功经验给了研祥很大的启示和帮助。在经过长时间的深入研究和讨论之后，研祥才最终确定了公司国际化战略的基本方向：

首先，"EVOC"绝不采用低价占领市场这种杀鸡取卵的办法，"EVOC"拥有最先进的技术，就应该拥有与之相符的价格。

其次，"EVOC"将采用以先进技术占领制高点的策略，在继续加大研发投入的同时，针对国际市场和目标人群进行广泛和有效的调研，以保证"EVOC"产品的高适用性。

最后，不同区域采取不同的推广策略，例如在拉丁美洲等中国品牌具有良好口碑的区域，将采用常规推广逐步占领市场，在德国、法国则注意时机选择，把握推广的最佳结合点，2007年，研祥公司总裁陈志列基本上都在欧洲国家开会，参与各种形式的国际交流活动。

目前看来，研祥的策略是非常有效的。作为研祥公司2007年的重磅炸弹——"天傲2007"是当前世界上技术最先进的产品，是全球首推的拥有完全自主知识产权和定价权的产品，当然它同时也是最贵的。

随着这款产品的一炮打响，"EVOC"品牌在德国行业内的知名度大大提升，产品销量迅速猛增，而在欧洲其他国家、拉丁美洲、北美等地的销量也是不断提升。

经过了一个试探性的、成功的2007年，我们相信，2008年的研祥的国际化进程和EVOC品牌将给我们带来更多的惊喜。

❧ 专业化

"以应用为目标，以客户为中心"是研祥提出EIP嵌入式智能平台这一概念的最基本、最核心的内容。

10多年的销售经验，研祥在通讯、交通、网络、视频、监控、工业现场、仪器仪表等众多领域积累了大量宝贵的客户资源和应用信息，所以，研祥很清楚这个市场蕴藏的巨大潜力和扩展空间。

企业要想在市场中牢牢占据自己的一席之地，光靠规模是不够的，还要充分了解客户的个性化需求，提供有针对性的产品和解决方案；要及时对客户反馈的意见及建议作出快速响应。研祥产品市场管理本部的成立恰恰顺应了市场细分、行业深耕的趋势，让专业人士为客户提供专业化的服务。

研祥产品市场管理本部旗下分设网络产品、整机产品、人机交互产品、通讯产品、104产品、装备产品、通用产品七大产品事业部，负责产品战略规划、市场运营、客户支持的全面统筹和跟进。

相信在产品市场管理本部的统一指挥下，各事业部既独立运作比成效，又相互支持共享资源，最终达到携手共进，全面服务客户的目的。

研祥在深圳、北京、上海和西安设四个研发中心，计划还将在几个重点城市设立研发中心。已有的四个研发中心的成立，主要考虑的是地方的人才优势和环境优势，也就是说要真正实现天地人和，这样将更加有利于研祥的产品及应用，在区域市场保持优势，实现纵深发展。

深圳研究院与各研发中心在战略侧重点上是有所区别的，前者对于技术和市场的研究更具前瞻性，从国际视野和战略角度结合国内嵌入式产品的发展现状为公司发展提供方向性指导，而后者更加专注于对现有技术的进一步开发和完善。

在市场经济的博弈中，不断追逐前沿技术是高科技民营企业"安身立命"的基石，技术研究院的成立使研祥公司能够始终保持技术和市场的领先优势，确保公司自主研发的核心竞争力。

4 品牌自然成

在经济全球化趋势日益发展的条件下，中国已成为世界市场不可分割的一部分，中国本土也已经成为中国品牌与国际品牌竞争的主战场之一。

在产品同质化的今天，品牌竞争力包含了企业在资源、能力、技术、管理、营销、人力资源等方面的综合优势，是形成并实现企业可持续增长的动力源泉，是企业核心竞争力的外在表现。

品牌竞争力也是国家竞争力的重要体现，能否培育拥有自主知识产权的自主品牌，并使之成长为世界名牌，并以此为基础，成长为世界级公司，已成为衡量我国企业是否具有核心竞争力、能否实现持续发展的重要标志。

与跨国公司相比，品牌竞争力是目前我国企业最为缺乏的能力，也是在中国市场乃至全球市场决战中最为重要的能力。

作为目前行业中唯一一家在国内设立大型研发、生产基地的行业权威企业，研祥不仅是国内同行中首家通过ISO—9001：2000国际体系认证，而且是第一家EIP上市公司。研祥人经过10年坚持不懈的努力和科学高效的经营完成了这个几乎"不可能的任务"。

2004年3月，社科院推出的香港H股前二十位企业竞争力指数排名，研祥名列第九（排名在研祥之前的为中石油、中石化、中国电信等）。

研祥的竞争力已不仅停留在有形资产上，也体现在品牌效应上。

常言说："功到自然成。"研祥在提升品牌的核心竞争力时，都做了哪些修炼呢？

≥ 提升核心竞争力

没有科技介入，成就不了大企业。

没有自己的品牌，永远没有企业的影响力。

企业核心竞争力是企业赖以生存和发展的关键要素，所以，研祥狠抓技术、技能和管理。研祥的连续成功靠的同样是技术研发、人才培养和资源更新。

可口可乐公司老总曾说了一个经典的笑话："如果有一天一把大火把可口可乐的厂子烧光了，只要它的品牌还在，一夜之间它会让所有的厂房在废墟上拔地而起，可口可乐的价值仍然是700亿美元。"700亿美元，这就是可口可乐这个公司的品牌价值。

研祥深知，企业的核心竞争力处在不断的变化中，之所以成为企业核心竞争力是由于独特性，这种"买不来"、"偷不走"、"拆不开"、"带不走"、"溜不掉"（张维迎语）的企业核心资源（如知识产权、公共关系等）是受法律保护、有持续竞争力且具有组织性的，所以，从这个意义上说，品牌的竞争力也代表了企业的核心竞争力。

≥ 满足客户需要

世界营销学之父菲利普·科特勒大师说，"企业营销大厦"的核心是"客户满意"。

每一个企业的开始都是因为一个客户，是客户让企业开始成功。所以，永远不要忘记客户，企业每天都要提醒自己，记住客户并保护好你的客户，否则，企业就会面临失败。

随着经济的飞速发展，产品价格与质量是消费者首要考虑的重点。商家纷纷以促销和承诺作为拉拢客户的主要手段，认为谁能够拥有更多的、热心的、忠诚的消费者，谁才能够立于不败之地。许多成功的企业，都把这一点作为自己的首要理念。

然而，消费者并不仅仅要求厂家只是在承诺上做文章，他们所真正关心的是，产品能否满足自己的核心需求。

满足客户需要是品牌核心竞争力的核心。

研祥认为，研祥的未来竞争优势来自于以客户为中心的组织而不是市场营销。努力维护消费者和产品的关系，最终目的是为了企业品牌得以延续和持久。既然是相互信任，研祥的品牌管理策略就相应的感性而非理性。

研祥的知名度通过一定时间已经使客户获得足够的信息，在充分了解品牌的基础上，研祥与客户必将达成水乳交融的合作伙伴关系。

坚持诚信原则

"诚信"是"诚实"和"信用"的组合。

研祥认为，诚实和信用是任何个人和企业一切成绩和美德的基础，离开了诚实就谈不上友爱、正义等，没有诚实这个基础，一切只能是虚假的，是骗人骗己。

所有的成绩如果离开了诚实，就像在这些成绩前面加一个负号一样，就走到了它的反面。没有诚实也就谈不上信用，无论是自然人还是法人都是如此。

现代的消费者逐渐倾向购买产品的附加值而非商品的使用价值，一是商业社会品牌具有天然的所有权属性，并可以转化为无形资产，但产品不行；二是品牌已经成为信息化社会的必需品，尤其是电子商务存在的今天，强势品牌可以创造忠诚，而诚信就是建立强势品牌的基础。

研祥在调查中发现，中国品牌最致命的弱点就是没有诚信。入世后，中国品牌遭遇严峻的挑战，生存环境会更加恶劣，以后的中

国市场将是没有硝烟且远没有终结的较量和品牌的角逐。众所周知，研祥以诚信为原则在行业内是出了名的，所以，研祥会进一步将"诚信"铭记在心。

每个人的能力大小不同，公司所在的行业不同，公司的经营规模不同，没有诚实，也就谈不上和谐和发展。如果我们的发展是建立在不诚实、欺骗的基础上，这样的发展一定是没有坚实基础的，这样的发展还不如不发展。如果没有诚实，也就谈不上社会和谐，因为欺骗只能走到和谐的反面，是不和谐的根源。

研祥认为，在企业发展过程中，大家都在努力寻找企业健康发展的护身符。有的寻找过硬的后台，有的寻找过硬的关系，有的寻找雄厚的资金和人才……实际上，中国改革开放以来，无数的经验证明，最好的保护基石绝不在于你有没有后台，有没有过硬的关系，甚至在中国经济高速增长的今天，连资金和人才都要位居其后，一个健康、安全发展的公司最好的保护是"守法经营、诚信友爱"。

提升管理力度

管理是提升品牌核心竞争力的主要手段。

正是由于面对变化莫测、难以控制的市场存在诸多难处，研祥已经提前重新建立和监管了新的品牌架构，以适应品牌识别体系和管理体系带来的相应变革。

中国企业的核心竞争力决定了研祥在核心技术、核心产品、资金以及生产规模等被动性核心资源方面需要有一个综合平衡的发展，但更重要的是科学的决策和管理。

这个处于主导地位的核心资源正是企业普遍所欠缺的，尤其是品牌管理经验和理论的欠缺所导致的能力的低下，是阻碍品牌核心竞争力不能有效形成的关键。

研祥除了能够挖掘出问题的根源，还能迅速有效地加以变革并付诸实施，这就是研祥管理的最大特点。

❧ 加强专业化发展

只有专注自己的专长领域，才可以企及他人无法到达的深度和高度，深度和高度就是竞争力。专业化是增强品牌核心竞争力的有效途径。

根据《财富》杂志的统计，全球500强企业中，单项产品销售额占企业总销售额比重95%以上的有140家，占500强总数的28%；主导产品销售额占总销售额70%～95%的有194家，占500强总数的38.8%；相关产品销售额占总销售额70%的有146家，占29.2%。这说明，500强企业品牌的核心竞争力来自于最擅长的行业，而不是面面俱到的多元化品牌。

事实上，不少500强企业因盲目多元化而一度危机重重，如克莱斯勒汽车公司、索尼美国分公司、西尔斯、惠而浦、施乐等。

多元化发展导致公司资源分散，运作跨度和费用加大，产业选择失误增多，结果致使公司顾此失彼，品牌的核心竞争力受到极大的挫伤。研祥看到，在经历了多元化发展之后，留存下来的大都已经是在某一专业领域独具竞争优势的品牌。

要和跨国企业在自己家门口摆开擂台一比高低，中国武术对西洋拳，走专业化经营发展之路，几乎是研祥增强品牌竞争力的唯一选择。

❧ 长期发展利益

长期发展利益是保持品牌竞争力的源泉。

2007年4月，在"2007中国自动化产业世纪行（CAIE2007）"评选活动中，陈志列被组委会一致评选为"2006年度人物"，同时

研祥公司还被评选为"自动化领域最具影响力十大民族品牌"和获"年度最具竞争力创新产品奖"。

面对研祥智能的高速发展，陈志列说，"我们从一开始就是在准备长跑，所以心态一直都比较平稳。公司在各个时期，一直都在警惕暴起暴落。""永续经营"，就是说要做"百年企业"，"EVOC"品牌对人类的影响至少要持续两个世纪以上。

事实也的确如此，回顾研祥的十几年历程，几乎没有经历什么大风大浪。"只要不开快，就不会出车祸。油还没加完，手闸还没拉开，哪敢玩命踩油门啊？"这是陈志列做企业最深的心得体会。

"EIP这个行业是非常考验耐心和团队精神的，必须要有足够的投入和市场检验时间。一个品牌要想真正在市场上不倒，首先要把内功练好。你的开发、你的市场网络、你的整个品牌是否过硬，你要花大把的时间在上面，这些都是你可以操控的。而外部有很多事情是你无法操控的。研祥的产品特色就在于最适合中国的用户和企业使用，因为本土企业和国外厂商相比，最了解当地市场的个性化需求的永远都是前者。"陈志列的语气中充满自豪。

对于这个行业的未来，陈志列十分看好："微电子技术应用于传统行业将是一个永远的话题，永远到什么程度呢？我想就是我们这一代死光了，下一代再死光，这个话题还在继续。"

对于陈志列和他的研祥公司，这是一场没有终点的比赛，因为"未来属于那些善于长跑的群体，他们懂得在不同的时间段分配相应的体力，企业永远没有冲刺的那一刻，因为比赛永远都在继续。"

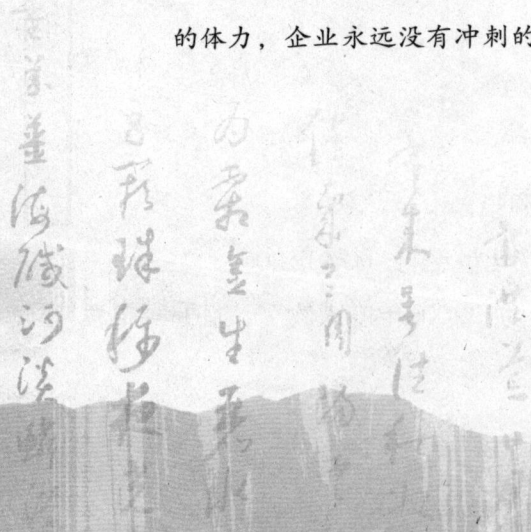

❶ 目标：以自己为峰

福建省马尾罗星公园内有一副对联：上联是"海到尽头天作岸"，下联是"山登绝顶我为峰"。这副对联是林则徐少年时的巧对佳话：

> 有一回，老师带学童们游鼓山，爬上鼓山绝顶峰时，一派天风海涛，令学童们兴奋不已。老师以"海"为题，出一上联："海到无边天作岸"，让学童们对下联。
>
> 没多久，有位学童首先对出下联："山登绝顶我为峰"。这位学童就是林则徐。
>
> 上联写站在鼓山上，可以望见无边的大海，海的尽头，就是天了，海天相连，气魄可够大的。寓学海无边苦作舟，只有勤奋学习，才能到达成功的彼岸。
>
> 林则徐的下联则以脚踏绝顶峰，堂堂正正，顶天立地，一览天下小！抒发了凌云壮志。

这副对联上下联平厌、对仗都很工整、和谐，意境更佳。

在如今的商业环境中，出色而卓越的企业总是在佳绩面前不骄

傲、不狂放，始终能用清醒的目光注视自己未来的路，并不断超越自己。

陈志列近20年的创业路，是一条不断超越自我、不断挖掘自身潜力的奋斗路，他时刻给自己压力和挑战，这让他可以站得更高，看得更远。

超越自己

我们最强的对手，不一定是别人，而可能是我们自己！在超越别人之前先得超越自己！其实，我们每个人都因为有太多的依赖性，都认为自己的能力是有限的，因而才无法充分发挥自己内在的潜力，无法超越自己。

众所周知，有许多原本是"普通人"的人，因为他们不满足于现状，不满足于现在的自我而奋斗拼搏，最终成为人们心目中的"不平凡"的人。

陈志列说："10多年前这个时候，我在北京生病住院。病很快痊愈，但由于要降激素，有两个月不能出院，我躺在病床上睡不着觉。我就想，我就这样在国企混下去？不行，太无聊了。当我想明白的时候，我设定了我的第一个人生10年目标。为了这个目标，我到了南方深圳。奋斗了近10年，当起初的目标基本实现时，我又开始觉得无聊了，我得重新设置下一个目标。而现在，我的第二个10年目标正在进行中。"

原来，这些与现实差距巨大的目标完全是陈志列"自找的苦"。

我们都应需要一点幻想，幻想着自己达到更大的目标。幻想会带动实际行动，幻想会带动一个人的奋斗力，因而也就超越了原来的自己，并给再一次的自我超越提供了足够的信心。

强烈的自我道路设计意识，且目标远大、步伐坚定，这也许就是陈志列这类民营企业家所不同于其他人的原动力，而这"原动力"却可以改写一个行业的格局。

研祥公司历年不断获得政府、行业协会等机构的认定和嘉奖，在研祥的办公大楼展厅墙上挂满了获奖匾额，而陈志列本人也多次获得由政府各种部门授予的个人荣誉称号，如："中国自动化行业2006年度风云人物"、"感动中国十大风云人物"、"中国民营企业新锐人物"等等。

荣誉代表过去，其价值和作用更可以激励一个人坚定地走向未来。

这些认定和嘉奖既为研祥带来了声誉，还提供了实质性帮助，帮助研祥降低了成本，对研祥的发展和EIP（嵌入式智能平台）事业的发展都起到了明显的促进作用。

陈志列觉得，企业能否顺利发展，说到底，是由企业能否不断超越外部环境和内部环境所决定的。对于企业的内部管理，陈志列也自有其道。

陈志列为了鼓励下属大胆用权、主动做事，往往会给各级管理者以充分的信任，并告诉下属说："大胆去做，做出成绩了是你的，出现错误了我承担！"

因此，公司形成了良好的管理机制，解决了民营企业规模扩大时管理的瓶颈，他自己也能够将更多的精力放在公司战略发展上。在企业做大时，能大胆放权，这需要魄力，更是一个民营企业家超越自己的表现。

挖掘员工潜力

☞ 换岗

挖掘员工优势，让员工自己选择喜欢的岗位，把合适的人放到合适的位置，流失率自然就会偏低。而对于产生职业疲惫感而影响

工作的员工，研祥公司会通过换岗方式去刺激，从而提高工作效率。

研祥认为，从事同一份工作或者同一个工作岗位时间太长了，终会产生疲劳。应对这种疲劳，大多数人都会选择跳槽，从而造成人员不稳定。没有一个稳定的团队，今天走一个，明天又来一个，长此以往，还谈什么高效率？而研祥的定位换岗，却让员工保持了工作的激情，同时也使得员工跳槽几率变小。

研祥研发团队的流动率一直控制在3%之内，而IT行业研发团队的流失率基本上都在6%到8%，这与研祥的换岗制度不无关系。

研祥认为，挖掘员工优势，让员工自己选择喜欢的岗位，把合适的人放到合适的位置，流失率自然就会偏低。

在研祥，换岗工作的员工为数不少。其中有一个从人力资源部转去业务部的女孩子，年度个人业绩就达到1000万元。而国内同行业一些小公司一年的业务，远不及这个数据。

实际上，对员工来说，换岗意味着不小的风险。根据规定，一个做研发的人转向跑业务，需要从业务通道的最底层做起，在靠业绩说话的业务部门，不会因为你是研发部门的管理层而平级换岗。

而担心有没有能力胜任也是影响员工下决心的很大因素，针对员工的这种顾虑，在批准换岗之前，人力资源部的负责人会对员工进行分析，评估他的业务能力与决心，通过评估之后才会同意转岗位。而为了解决员工转岗的后顾之忧，研祥也会在过渡试用期内，付给员工比较满意的底薪，让他们安心从事新的工作。

员工只有安心稳定地工作，才能够实现公司高效率的成长。

☞ 家属总动员

实际上，为了稳定员工，研祥可谓煞费苦心。比如研祥隔段时间就会举行家属总动员活动，设计小孩走秀、家庭才艺比拼等游戏，让原本工作比较忙碌的员工与家属多些时间接触。把家属请到企业来参与企业活动，目的是跟家属搞好关系，家人对员工工作的支持起着很大的作用，一旦员工家属也认同研祥，对公司来说，意义特别重大。

☞ 黄牌制度

就像足球比赛中的黄牌警告，一旦拿到黄牌的经理，其桌面上写明部门和职位的牌子双面的底色，就会从正常情况下的蓝色变成黄色。而且一直放到通过改进考核评估才能撤下，每年总会有那么两三个人拿到黄牌。

黄牌主要是针对无作为的、不动脑的、安于现状的管理人员。在下属不胜任或者有空缺的时候，而不及时补缺或者扶持的，即使单干自己事的也要被罚黄牌，因为做好团队的领导至关重要；由于工作失职或者上任半年之内没有新动作、没有创新的也要拿黄牌。

一旦拿到黄牌，经理人必须在一个月内，拿出改进的方案，然后由公司考核委员会的人员跟进其工作情况，通过改进评估后才可以撤掉黄牌。如果在规定时间内还没改进，黄牌就会变成红牌，拿到红牌自然会被罚下。

☞ 寸金莲制度

对那些做事迈不开步子，干活瞻前顾后的，犹豫不决或停滞不前的经理，人力资源部则会采取三寸金莲制度：给该经理发一个杯子，上面画着一对小脚的鞋子，并写着：谁谁谁，公司鼓励你勇敢迈步，大胆创新。

技术博天下

在世界经济一体化的今天，"中国制造"正以不可阻挡之势占据全球市场，各国政府和企业面对这股汹涌而来的"中国潮"喜忧参半。

一方面"中国制造"在很大程度上推动了世界经济的发展；另

一方面，这股浪潮让作为竞争对手的他们感到了迫在眉睫的威胁。

在2008年，这个具有重大意义的年份（改革开放30周年）里，"中国制造"已经赢得了世界更多的尊重，而这是在国外层层的技术壁垒下艰难取得的。

今年，中央电视台"2007年度经济人物评选"，将关键词设定为"中国制造"，是在一个恰当的时刻提出了一个恰当的问题。

相比于"中国制造"的国际化之旅，"中国创造"的发展可以用步履维艰来形容，其难度更大，受到的限制更多，无论是从技术上还是人才储备上，中国企业和其他国际公司相比还有很大差距。

特别是精密仪器制造等行业，相对于消费品的制造、加工来说，对技术的要求更严格，而作为代表核心技术实力的计算机行业更是难中之难。

在这个行业，各个国家的保密条款非常森严，要想做出一点成绩，必须依靠中国人自己的智慧，日夜追赶以弥补之间的差距，若想再次领先，他们必须付出超乎寻常的努力。

2007年度经济人物候选人之一、研祥智能科技股份有限公司的创始人、董事局主席陈志列先生在提到"中国创造"时，颇为感慨地表示，"我们研祥是在外国人卡着我们的脖子的情况下完成的中国创造！"这句话充分表明了中国优秀民营企业这条光荣的荆棘之路背后是怎样的付出！

陈志列的研祥智能是国内特种计算机行业的旗帜，作为嵌入式系统的龙头老大，每两台ATM自动取款机的核心部件中，就有一台是研祥制造；中石油和中石化的加油机中70%的控制主机是由研祥制造！

现在，所有这一切的荣耀，都是在经受了多少次的挫折和失败之后才获得的。

中国的特种计算机行业在创业之初，外国企业几乎掌控着所有的核心技术，陈志列和他的研祥人怀着要在国际争先的壮志雄心，披肝沥胆，经过无数次的不眠之夜，终于走上完全自主的研发之路。

现在的研祥已经有了1000多人的研发队伍，所有核心技术全部由自己掌握，2007年新推出的特种计算机"天傲2007"在世界上属于首创，技术领先地位自不待言，而且研祥还拥有绝对的自主定价权！

作为中国高科技企业的杰出代表，研祥为我们清楚地诠释了"中国创造"的深刻含义！研祥左手用创新，右手用技术，披荆斩棘地走在"中国创造"的路上。

团队：聚沙成一塔

目前，在研祥工作的员工，工龄十几年的有很多，五六年的更多，他们在深圳这个跳槽频率比较高的城市，没有离开研祥。

从某种意义上说，研祥的人员激励和一些办法是有效和占优势的，这让人们相信会有越来越多的人才与研祥一同创业。

物质激励

研祥也是同行业中待遇比较高的企业之一。"员工有权利分享企业发展的成果，我们希望他们能够在工作中得到很好的提高，而且还可以有很长的时间为这个行业和他们的理想去奋斗。"陈志列的话足可以说明他对员工的关心和期待。

自主创新研发基地的背后，是人才战略和人才激励。

目前，研祥智能有研发人员近200人，到2008年将增加到400人。为了保证创新战略的实现，研祥智能以行业中高水平的薪酬来确保核心人员的基本稳定，减少流动。

对创新的奖励分4个层次，一是专利奖；二是产品创新奖；三

是功能创新奖；四是外观设计创新奖。研祥智能薪酬分3大管理系列，业务、研发、行政，每个管理系列都分不同层级。

其中，作为自主技术创新主体的研发人员，分为5个级别：技术员——助理工程师——工程师——高级工程师——主任工程师。

其中主任工程师最高可以达到董事长级别，正因如此，研祥智能少有空降部队，核心人员都是一步步成长起来的，如公司总工程师朱军，就是1995年加入研祥智能，并一步步上升到技术研发负责人的位置。

🪁 跨部门协作

对于我们的企业来说，无论规模大小，都会存在着数量或多或少的部门，倘若各个部门我行我素，相互间产生分歧意见，互不协作，那么反倒会成为企业的发展障碍。

在一个部门里，也存在着相互协作的问题，如果每个人都自扫门前雪，可以说是在为自己的成长设限，把自己圈在框框里，埋头自己做自己的，就会故步自封，自己得不到长足的进步。其实，跟别人协作的过程是最好的学习过程，而且员工间的互不协调，只会增加磨擦和内耗。

在中国，如何保证技术创新符合市场的需求，需要管理制度和市场营销的创新支持。研发和市场打架，两个部门沟通存在障碍，往往导致研发项目失败，或者速度跟不上市场需求，或者是速度高了而质量达不到要求，而研祥跨部门协作是比较通畅的。

在研祥智能，樊小宁是营销副总经理，朱军是总工程师。

"为了客户，有时候我们两个人也会吵架。为了解决客户的问题，我们的市场研究院和技术研究院需要在一起开会。"樊小宁说，"比如，对某个客户的需求，研发部门老拿不出产品和解决方案，而研发部门又不相信营销部门提供的市场信息，我就会要求总工程师朱军自己亲自去客户那里看，或者派技术总监去。"

要求技术人员下市场，这是研祥智能为保证技术研发符合市场需求的一大法宝，而总工程师朱军也做过市场工作。

在一个团队中，如果不能发挥每个人的最大潜力，这个团队无疑是不能取胜的。只有每个人都在共同的目标下协同作战，各尽所能，并在工作中能与团队中的其他人优势互补，将小我置于大我之中，才能众志成城。

现代企业的竞争就是团队间的竞争，就是团队协作能力的竞争，精诚合作的团队精神是企业达成目标的成功保证。在诺贝尔奖设立后的前25年，合作奖占41%，而现在则跃升为80%。

凭"味"选才

"你18岁以前在哪里长大？"

"在家里排行第几？"

"大学在哪上？学校氛围如何？"

研祥在招聘时，应聘者经常被问及一些看似稀奇古怪的问题，一不留神，就容易陷入研祥人力资源部设下的埋伏。经过培训考核的面试官，首要任务就是根据"研祥味"规定的8种基本素质（如人际理解能力、主动性、执行力等）对应聘者"闻味"。

"有没有研祥的味道"是陈志列提及招聘时的一个口头禅。在他眼里，找到适合研祥发展的人往往能够比较快适应公司的工作，取得事半功倍的效果，而研祥成功的保障，在于建立一支高效率的团队。

"研祥味"，是陈志列经常会提到的一个词。有没有研祥的"味道"，对要进入研祥公司的人是至关重要的。对于没有"研祥味"的人，陈志列会毫不犹豫地舍弃。

研祥有一个老前台，每次人力资源部的人员面试应聘者的时候，她都要接待。慢慢地，她养成了一个习惯，对每个应聘者都自己打分，看他们是否最终会被录取。结果非常令人吃惊，她的预测和实际录用的情况惊人地吻合：一致率达到85%左右，有时能到95%甚至100%。人力资源部的人员开玩笑说，我们忙了半天还不如让你看一眼。

陈志列说，这位在研祥工作了近10年的老前台在长期与应聘者的接触中，慢慢琢磨出了哪些人像研祥人，不少员工都像这位老前台这样对"研祥味"有敏锐的感觉。

为了找到适合公司的人才，陈志列煞费苦心。在各地业务人员面试中，每个应聘者都要答一套题，这套题的答案只有极少数几个人知道答案。对于在测试结果中综合得分最高、最低以及得分居中的应聘人员都有不同的选聘标准。陈志列表示，到研祥来的人不一定是最好的，但肯定是最适合研祥的！

🐾 师傅带徒弟

在试用期阶段，为了帮助新员工尽快熟悉公司情况，加快工作上手速度，研祥给每个新员工安排了一个生活指导老师以及一个职业指导老师。"很多新员工进来都发现研祥太有个性了，完全不是原来想象中的那样，指导老师就会告诉他研祥是什么样的。"

为了调动指导老师的积极性，研祥还专门为他们颁发奖金。每个职业指导老师，成功帮助一个员工到转正，便可获得2000元至3000元的奖金。

而在转正之前，新员工还必须参加为期一周的转正培训。这次培训，主要是验证新员工对研祥的认同程度，了解他是否适合安排的岗位，不合适的话会考虑多给一个月的时间，而如果发现定位不对，他可能更适合另一个岗位的话，研祥就会给他换岗。

精英训练营

实际上，对每个员工进行准确定位，"一专一能"能够充分发挥人才的优势，而多种"一专一能"人才的集合，就成为高效的团队。这个高效团队的领导者是否能够在思想意识上、行动上调动整个团队追求效率，起着至关重要的作用。为此，研祥尤为关注领导层的培养，这样一个储备管理人才的计划，在研祥被称为"精英训练营"计划。

"一方面，研祥会让各个部门的经理进行推荐人才，另一方面，研祥也会全年无定时地接受员工自我推荐报名。"研祥相关负责人指出，由于一年只办两期，每期只招40个人，所以并不是你想参加就参加的。"在这之前，我们会举行一个测试，评定考核你是不是研祥需要的管理人员，对管理认识有多深，是否能够处理好基本的管理问题。"

由于部门领导推荐，小陈幸运地成为上期精英培训营40个精英中的一名。除了周末进行上课培训，让小陈收获颇丰的是培训当中的PK环节，这也是决定他们能否晋升为管理层的淘汰环节。"当时，我们分为几个小组，以小组为单位进行PK。HR让我们看两本书，一本是《士兵突击》，一本是《向部队学习管理》，然后进行小组点评。哪组最差的整组人都会被淘汰。"

这种近乎残酷的淘汰方式在廖廓看来却显得特别公正，"这样的PK方式多少能够影射出你对公司管理问题是如何解决的，一个组可能不是没有想法，但由于不团结，或者组内没有适合的领导牵头去做，所以被淘汰也很正常。"廖廓表示，通过三次的PK最后选出来的10个人就会晋升为管理层进入实操管理阶段。而被PK掉的30人也可以继续参加训练营，查漏补缺后，再参加公司部门经理以上的竞聘。

✍ 选才有方

在陈志列的手下有一个"不起眼"的重要人物，他就是研祥智能公司的总工程师朱军。朱军因为身体的原因，腿脚不太灵便，但是凭着坚强的意志和对成功的梦想，不远千里跛着脚从老家宁波来到了深圳，投奔到研祥。

陈志列见到朱军后只说了一句话："就凭这样的双腿敢来深圳闯荡，这样的人我要了！"如今的朱军，依靠过硬的技术水平和坚强的拼搏精神成为了研祥智能公司首屈一指的高级工程师，麾下管理着数百人的研发团队，为研祥公司的发展做出了巨大的贡献。

陈志列说，让一个不太懂技术的人负责销售，令常人诧异。而事实证明，他的用人很成功。

这几年，研祥的销售保持了高速增长。在之前，负责公司销售的是一位工控专家，最早则是他本人。这几个销售的主管，在不同的阶段都带领公司销售部门取得了很好的业绩。

而他们之间的更换，则是公司发展不同阶段的必然要求：在公司发展的初期，生存是非常重要的，他必须身先士卒；而在行业用户逐渐使用EIP产品阶段，拥有好的技术才能让客户产生信任感；而在产品被广泛应用阶段，对客户需求的关注尤其重要。

而且，每个人的激情都是有限的，市场需要不断的变革和创新精神。让一个做消费品的人员来负责高技术含量的工控机的销售，这不仅需要勇气，更需要老板对业务、客户的深刻理解和对人的了解。

正是这种"气味相投"的选才方法，让陈志列在用人上得心应手，在公司不同发展阶段可以选择最适合的人才，而不用太担心会造成文化冲突。

人才贮备

2007年4月15日，在研祥科技大厦的广场上举行了几千人的大型招聘会，目的在于吸收应届本科、硕士、博士毕业生，研祥正在进行人才储备。

就像研祥2017年的战略目标一样，研祥的人力资源集团中心也正为研祥的"10年NO.1计划"而开展人才物资战略。

培训是最大的福利

对于在职员工的定期培训和对培训的投入是研祥一直以来非常重视的。2006年，研祥成立了集团培训中心，与集团人力资源中心并列，这说明研祥已经把培训提升到了一个非常高的高度。

"我们所有岗位的在职培训、脱产培训都和考核挂钩。这方面我们不光内请、外聘、派出，还请了几个外教对员工的英语进行培训等等，我们公司有个口号就是'培训是员工最大的福利'，因为知识学了是可以带走的，我们认为这个福利可以超过金钱。"陈志列说。

职业经理人操盘

"我们的企业文化决定了我们的人才培育积极性，由于整个公司是职业经理在操盘，职业经理在公司被授予充分的权力，有相应的考核和监控等等，保证我们的人才储备和人才回炉再提高，他们在各个岗位上边干、边学、边提高，每个部门都是这样认真对待人才的。"陈志列如是说。

文化：非经典管理

上个世纪80年代，"企业文化"这一概念从日本、美国引入我

国，经过20余年的消化、吸收和发展，"企业文化"开始被我国的理论界与企业界所关注。

特别是当大家都开始意识到，伟大而杰出的公司大都有强而有力的企业文化的时候，建设自身企业文化便被纳入到众多企业的管理议程中。

那么，究竟什么是企业文化？

企业文化就是企业信奉并付诸实践的价值理念，也就是说，企业信奉和倡导并在实践中真正实行的价值理念。

企业文化作为企业管理的一种新观念，是指企业等经济实体在生产经营中，伴随着自身的经济繁荣而逐步形成和确立，并深深植根于企业每一个成员头脑中的独特的精神成果和思想观念，是企业的精神文化。

企业文化包括企业的经营观念、企业精神、价值观念、行为准则、道德规范、企业形象以及全体员工对企业的责任感、荣誉感等。

企业文化现象都是以人为载体的现象，而不是以物质为中心的现象，由一个企业的全体成员共同接受，普遍享用，而不是企业某些人特有，并且是企业发展过程中逐渐积累形成的，研祥的"非经典管理"就是对企业文化的总结。

研祥人在与客户接触的过程中，听到很多客户这样说："研祥在管理上有一套。"

"但这一套究竟是什么？怎么用？"这促使陈志列一直寻找一种恰当的方式，来表达自己的管理实践。当陈志列把有关他和研祥的案例拿到国内知名的管理学专家那里求解时，有人提出，这是一个"非典型管理"的案例。

听到与专家碰撞出这样一个结论，陈志列有点兴奋。

"事实上，它与当下很流行的'中国式管理'有异曲同工之妙。"陈志列分析，"但它更适合本土企业，特别是那些成长型的企业。"

"140年来，西方的经典管理模式持续发展，但在我看来，非经典管理更适合本土企业。"基于经典管理，陈志列总结出一套适合于公司创业和发展的非经典管理理论。

在陈志列成功发展的29个心得里就可以看出，都是由经典管理而来，但又不同于经典管理。"世界上本没有经典，用的人多了，也就成了经典。"从战略、企业运营、人力资源、营销到企业文化，陈志列试图抛弃从前书本上教条的经典管理理论，把自己在实践中行之有效的、不是经典却胜过经典的管理思想呈现出来。

有人认为，一个公司的企业文化其实就是一种"老板文化"，陈志列的执着与直率造就了研祥公司独特的企业文化。希克曼和西尔瓦在《创造卓越》一书中告诉我们："事实上，从企业的创办人在构思他们企业的那一刻起，公司的企业文化便开始形成了。"

企业文化最大的特征就是它的传承性了。正如希克曼和西尔瓦所论述的那样："伟大的领导者他们不仅本身擅长于开创性的领导技能，并且能够长期地把这种技能传给他的继任者。"

也就是说，自陈志列在构思他的企业那一刻起，之后的种种（诸如各种人物、时间、产品、策略及环境）仅仅只是在充实企业文化的内涵而已。

研祥公司10多年所形成的工作作风、沟通习惯，无不带有其舵手陈志列的鲜明印记。在艰苦创业和迅速发展的岁月里，正是这种独特的企业文化，帮助研祥始终保持着团队的稳定性、活跃性和前进性。

陈志列说，"非经典"企业文化是研祥管理文化的核心，包括追求实用主义、淡化级别、即时罚款、永无止境的追求效率。如图：

```
              "非经典"
              核心思想
   ┌──────┬──────┴───┬──────────┐
 追求      淡化      即时      永无止境的
实用主义    级别      罚款      追求效率
```

【图】 "非经典"核心思想

很多新进入研祥的经理人一开始难以习惯陈氏话语——在缺少铺垫、很少解释且压强很高的陈氏话语面前，很多人经历过沮丧、委屈、甚至愤慨的心情，有些人在试用期内"回不过神儿来"，选择了离开。

而陈志列状似偏颇的话语，其内涵却与管理的要求十分吻合，其过分直接、甚至色厉的指责并非是其对自己脾性的放任，而是其10多年自我提炼的管理方法的高效表达，高效率地叫你提高效率。这种方法并非无可指责，但这是风格，是研祥公司10年成功的一个属性，也是研祥企业文化的沉淀。

说就是撒谎

这句话一度被陈志列及研祥的一些高层管理者挂在嘴头，听上去是一个明显的悖论。但这句话其实是对研祥格言"一张纸、一支笔、写清楚、给专人"（随后更改为：用电脑、用网络、写清楚、E专人）的注解。

事实上，当某些需要备忘的工作仅作了口头传达而被人遗忘时，遗忘者的确会以"说就是撒谎"来回复传达者。研祥甚至鼓励这样的"推卸责任"，从而在全企业中培养起一种严谨、准确的用"写"来沟通的习惯。

陈志列对此解释：与说相比，人们更重视的是写。

说比写要简单，但很多工作仅说是不够的。对那些需要备忘、需要讨论、需要较多协同动作的工作就一定要写下来，否则就很容易出错，所谓"口说无凭"。

另外，对于稍微复杂一点的工作，通过写能经过一个更为严谨的思路整理过程，防止"信口开河"，从而提高解决问题的效率。

在研祥，"写"E-MAIL已经成为工作沟通的最为主要的方式，为了纠正一些人仍有凡事面谈的习惯，陈志列经常告诫：一定要见面（开会）才能谈工作，是极大的浪费！

"写"，已经成为研祥的工作习惯。从陈志列开始，谈工作、特别是和两人以上的沟通都是自己"敲电脑"，即便是出差，也要保证每天浏览处理1至2个小时的E-MAIL。

✿ 不要发嗲

在研祥，工作中你基本上看不到员工间、特别是管理人员之间的问候、寒暄，更不会有谈天讲笑。即便是你与你的上级在过道中迎面而遇，他也一般不会和你"打招呼"，也不会回应你的"招呼"。

大家开会，一开口便是问题1、2、3……不会像一般国人那样先说说"很多天不见"之类的话语。研祥提倡工作中纯而又纯的工作关系。陈志列称那些情感铺垫的"人之常情"为令人厌恶的"发嗲"。

研祥还要求员工相互直呼其名，并且也不要省略姓氏，也不要用"您"，否则也被认为是"发嗲"。

除此外，作为经理若为非原则小事向陈志列请示，则多半会收到"不要发嗲"的回复。陈志列认为，凡是能够经过利弊分析得出

结论的问题，都应该由经理人自行决定。需要陈志列拍板的问题，应该是利弊参半、得失无法确定的"风险"决策。新进入者如此遭遇几次后，便会明白自己应该独立做决定的范围。

说事

陈志列经常要求下属"说事！"当你汇报工作，三句话还没说到结果时，他会打断你："说事，不要讲故事！"意即谈工作要开门见山，不要先过多地叙述原因、过程，最好直接说出结果。如果需要讨论再补充过程不迟。

陈志列认为，过多地叙述过程或原因是低估了大家的判断力，是浪费时间。否则便是推诿责任或准备不足，思路不清。任何一种情况都是企业效率的敌人，都要坚决反对。

不要隐性恭维

员工间相互恭维是企业所反对的，陈志列甚至告诉大家不要做隐性恭维。意即下级对上级不要表示客套，不要"发嗲"。如对上级说："还是您看得远"、"请多指教"、"此致敬礼"……和废话的区别是，同事间说这些话会令人起腻，而且有干扰客观思维的嫌疑。

"要用心恭维你的客户、合作者"，这是一个业务高手的职业素养。"不要用心揣摩你的上级"，谁讨好上级，谁就不是好员工。

因此，在研祥高层管理人员出差到分公司从来不要接送，不仅是节约成本，更是提倡"各干各的事，互不干扰"。

陈志列告诉员工：对你的主管不需要恭维，做好工作是唯一的做人标准。一位从一家等级森严的公司应聘到研祥做管理的职员，刚到公司时，每每见到陈志列都要堆起笑脸。陈志列在会上对此现象进行了纠正，要求这位职员改变这种做法，将精力用到工作当中去。

✍ 要么左转，要么右转，就是不要刹车

这是陈氏版本的"行动力"或"执行力"。陈志列不怕下属出错，但最痛恨工作停滞。事实上，许多工作是要在做的中间才能找到调整的方向，而大多数工作也不是一旦开始就覆水难收。

因此，当下属因为各种理由，包括请示没有被回复而将工作暂停时，都要受到严厉的批评。这对于新进入研祥的管理者，一开始常常不能适应。

几次碰撞后，大都开始适应：所有请示（事实上，研祥人很少用请示、批示这样的词汇，一般格式是：XXX，1、2、3，请X日前回复）一定写明要求回复的时间，一旦过时就按自己的方案干，绝对不等。不等，有可能错，但还可以调整，但等，则是绝对的错。

对于创新：研祥人主张专事专人做，新事新做法；雷同永远落后，创新才有发展；允许工作出错，不许拖延不做。

研祥的企业宗旨：诚信祥和，永续经营，公司从来不去评判个人之间的恩怨是非，一切从实际出发。

在研祥，价值观就是诚信，以市场和目标为导向，以成败论英雄。

陈志列每年都抽出时间准备一些战略、管理的课程，对员工进行培训，有时还给员工讲解一些理财方面的课程。扎实地备课，认真地讲解，使陈志列成为公司里最受欢迎的内部讲师。

公司新的发展和重大调整，他也会以一堂课的形式给大家讲解，使公司的决策很快得到理解和执行。同时，陈志列还经常在内部刊物《研祥E族》上撰文，针对员工关心的问题发表自己的看法。

陈志列执行公司的罚款制度时身体力行，如果开会迟到或者触犯其他违章情况，会主动到财务部交纳罚款。很多公司前来交流，问到陈志列的罚款制度如何才能真正得到执行时，陈志列说，当主管违犯制度也能做到被罚款时，就可以得到执行。

显然，在管理层面上，研祥已经很成熟，而且会延续和提高。其实，这句话也道出了陈志列履薄临深的自知——人对自己最难把握。

有一位资深经济学家说过，企业的战略风险来自于企业外部环境与决策者个性选择的结合。环境是多变的，人的个性也会因为特殊情境而变化。当企业到了分岔路口，不同的决策者会有不同的抉择，而每一种抉择本身并无好坏之分，最终只能以成败论英雄。

想要不断地在战略上取得成功，企业家只能求助于自己，要能够克服常人所不能摆脱的人性弱点（如享受），要洞察常人所无法看清的市场迷雾（或诱惑），通过恰当的决策，使发展中的企业适应多变的环境。这既是充满光荣与梦想的道路，也是背负巨大压力的长征，陈志列深知这其中的道理。

每个企业的文化，都承载着创业者的希望和梦想，研祥的企业文化更是承载着一份光荣：那就是做中国制造的脊梁。

❹ 责任：肩担大任

曾几何时，理应代表信誉、可靠，传承中国人自强不息精神的"国产品牌"，在许多国人眼中竟变成了争议、低劣甚至垃圾的代名词，突如其来的变化令原本对国产品牌充满信心的中国人备感困惑，甚至不知所措。

我们经常逛的超市是家乐福、沃尔玛，吃的是麦当劳、肯德基，用的是索尼、松下的小电器——今天的它们几乎都产自中国，而曾是我们民族骄傲的"红旗"轿车，却要以采用德国平台和日本发动机为卖点，"中华"牙膏的控股方是联合利华，北京、青岛啤酒成了日本朝日啤酒的下属企业——这些现象让我们发现了什么？

我们不得不承认：作为国产品牌灵魂的、自强不息的民族精神似乎正远离我们而去。

"中国制造"怎么了？

"中国制造"近年成为新闻界，尤其是西方媒体诟病的热门话题。由于玩具召回和食品安全等事件，引起了一系列关于"中国制造"的讨论，《华尔街日报》更是用"危机"来形容中国制造面临的困境。必须承认的是，中国制造厂商正在面临前所未有的严峻考验。

美国等西方国家妖魔化中国制造，不是空穴来风，而是确有其事。中央政府是非常负责任的，甚至叫上一些部长在电视台参加了对话，不得不让我们对政府的负责任的态度感到些许的欣慰，我们也为生活在这样一个国度而自豪！

此时，我们应静下心来，追寻中国制造为什么会变成今天这个样子，真正的让我们国富民强，屹立于世界前列，成为"东方不败"！

现在，让我们把目光聚焦到上世纪五六十年代的日本，或许我们能从中找到答案。

中国品牌目前的现状如以前日本，其产品最初也认为是低下的模仿的，但是日本品牌最终变成一个世界的高端品牌，很大程度上是跟他们在质量上、在技术上和设计上突破有关，很大程度上是理性价值方面的差异化突破。

日本工业产品在国际市场上有着很强的综合竞争力，上世纪90年代以来，日本每年的贸易顺差基本上都保持在1000亿美元上下，产品出口成了推动日本经济发展的主要动力之一，而自主创新则是其提高产品附加价值、维护竞争力的根本保证。

日本企业一向十分重视提高自己的创新水平，注重增强新产品的开发能力。早在日本企业的独立研发能力还比较薄弱的上世纪五六十年代，他们就非常注意利用各种可能的机会从事研发和创新活动。

日本企业每引进一项技术，总要花费更多的精力和物力进行消化、吸收。他们不仅要完全学会和掌握这项技术，而且要以这项技术为基础，通过创新，研发出拥有自己知识产权的专利技术。

有人形象地比喻，日本人每引进100美元的技术，会用200美元进行学习、消化和创新，并用创新出的专利技术赚回300美元。

强大的自主创新能力使日本家电企业高附加值新产品不断推出，给他们带来了滚滚财源。特别是创新能力强盛的佳能、松下、夏普等公司，其税前利润和税后纯利均不断更新历史最高纪录。

不过，即使是产业巨头，如果缺乏旺盛的自主创新能力，不能持续不断地研发出新技术、新产品，企业就要走下坡路。例如，索尼、三洋等公司近年来的创新能力减弱，能够吸引消费者的新产品数量减少，结果出现了巨额亏损，经营一度陷入困境。

当然，保持自主创新能力的一个重要条件就是要有强大的科研投入。泡沫经济破灭以后，日本经济虽然陷入了长达10多年的低迷之中，但日本企业的科研开发经费投入从1995年开始不仅没有减少，而且一直在增加，每年投入的科研经费总额达到了16.8万亿日元左右，科研经费占国内生产总值的比例也高达3.35%，这一比例堪称世界之最。

中国人缺少聪明才智吗？

中国的制造业落后吗？

中国缺少优秀的人才吗？

很显然，这所有问题的答案都是否定的，但如果中国只有这些只会生产躯壳的国产品牌，所谓的民族精神又靠什么来传承和发扬？

民族精神的缺失使一些国产品牌为了蝇头小利而甘愿放弃"国"字带来的与生俱来的荣耀，民族精神的缺失使中国正逐渐沦为世界工厂，生产出再好的产品也是为他人作嫁衣。

中国厂商没有核心技术？这不是理由。我们的近邻——韩国的现代、三星、LG等品牌的出道时间绝不早于大多数中国国产品牌，这些厂商刚出道时，手中同样不握有任何核心技术，然而今天他们在世界上的地位和表现，却足以令中国这些"叔叔辈"甚至"爷爷辈"的厂商汗颜。

或许我们能从韩国人对国产品牌的态度上得到一些启示——要用平常心去看待，既不鄙夷，也不盲目溺爱。当然，我们更希望我们的国产品牌能从韩国的品牌上得到更多的启示——自己要先做出优秀的、有竞争力的产品，才能吸引消费者前来购买。

无论是现代、三星还是LG，无论我们喜不喜欢韩国货，都必须承认，这些韩国的"国产品牌"是在用自己的民族精神认真经营品牌，而这一点正是大多数中国国产品牌难以望其项背的。

"天行健，君子以自强不息"并不是一种行为，而是一种精神。"健"是不气馁，是摔倒后再重新站起来的精神，这正是我们的国产品牌最迫切需要的民族精神。这种民族精神并不是狭隘、盲目的，而是机敏、睿智的，是支持一个国家向前发展的重要基石。

国产品牌摔倒了不可怕，可怕的是摔倒了就爬不起来。如果能做到今天摔倒了，明天再站起来，继续不屈不挠地在市场中开天辟地，那便真的是"天行健，国货当自强不息"了。

此时的"中国制造"应该走出了少年时的迷惘，不再有青涩的躁动、失语、彷徨，更多的是一种眺望。犹如今日的研祥以创新为矛，技术为盾，在竞技场上，手法灵活，闪转腾挪，攻击力强。

唯有创新才可以超越，唯有责任才可以立于不败。

一个武士为自己而战，胜则谓之胜利；一个武士为团队而战，

胜则谓之荣耀；一个武士为民族而战，胜则谓之责任。研祥的胜利得益于战场后方，一个民族期望的目光。研祥的成就，告诉今天困境里"中国制造"的企业，研祥能，你也可以。

过去曾经流传过这样一句话：无论什么东西，只要让中国人知道了怎么做，他就能做得比谁都好。这种说法绝非耸人听闻，远到北洋水师配备的大炮军舰，近到两弹一星、东风、红旗轿车，无不达到当时世界的先进水平。

尽管当年发展这些科技的主要目的是为了"师夷长技以制夷"，但中华民族表现出的创造性和自强不息的民族精神却在整个世界面前表露无遗。

尽管在很长一个时期内，中国科学技术水平的发展曾因为种种原因而远落后于世界先进水平，但中华民族"穷且愈坚，不坠青云之志"的优良品质和固有的聪明才智，在中国科学技术的发展历程中起到了决定性的作用。

一肩担道义，一肩担责任，"中国制造"一定可以实现"中国创造"。

附录：

研祥大事记
（1993－2007年）

》》2007年

2007年，亚洲地区最大的特种计算机研发基地——研祥科技大厦正式投入使用。

明确开始第二次创业，北京、上海区域总部建立。

加大国际市场拓展。

被评为"2006年中国自动化领域最具影响力十大民族品牌"。

被全国工商联评为"2007中国最具生命力百强企业"。

被中宣部、全国工商联列为全国重点宣传的十家自主创新民营企业。

》》2006年

2006年1月，研祥获得"2005年度中国企业信息化竞争力百强"称号。

2006年1月，研祥智能与英特尔签订《谅解备忘录》。

2006年1月，研祥智能喜获"信息产业部2005年度电子信息产业发展基金"。

2006年3月8日，上海研祥智能科技有限公司成立。

2006年3月23日，研祥公司荣获"中小企业电子商务500强"称号。

2006年4月12日，举办首届以资金链管理为主题的中小企业发展战略沙龙。

2006年4月18日，深圳市研祥智能科技股份有限公司驻沈阳办事处成立。

2006年10月14日，位于深圳市南山区的研祥科技大厦正式落成。

2006年11月20日，深圳市研祥新特科技有限公司成立。

2006年11月28日，北京市研祥兴业国际智能科技有限公司成立。

>>> 2005年

2005年1月，研祥智能嵌入式全长PICMG标准CPU卡项目，被定为"国家级火炬计划项目"。

2005年5-6月，成功举办首届非经典管理高峰论坛。

2005年10月31日，深圳市研祥智能科技股份有限公司驻武汉办事处成立。

2005年10-11月，在全国9个城市巡回召开第三届中国嵌入式技术应用高峰论坛。

2005年12月2日，深圳市研祥软件技术有限公司成立。

>>> 2004年

2004年1月2日，深圳市研祥智能科技股份有限公司驻济南办事处成立。

2004年，研祥智能成为中国内地EIP制造商Intel ICA（英特尔通讯产业联盟）唯一会员。

2004年2月，研祥智能通过TUV认证。

2004年，研祥智能EVOC入选广东省著名商标。

2004年5月，研祥智能荣获深圳软件企业百强称号。

2004年，研祥智能成为深圳市高新技术产业协会副会长单位。

2004年，研祥智能成为国家规划布局内重点软件企业。

2004年10-11月，研祥智能成功举办第二届嵌入式技术应用峰会。

2004年12月30日，研祥智能位于深圳南山区高新科技园中区研祥科技大厦破土动工。

>>> 2003年

2003年4月，在2003年中国IT资本年会上，研祥智能科技股份有限公司被授予"2003年中国最具潜质的成长型IT企业"的荣誉称号。

2003年5月，EVOC产品被列入2003年国家重点新产品计划项目中。

2003年10月10日，在香港成功上市，股票代码为：8285。

2003年12月31日，深圳市研祥智能科技股份有限公司驻福州办事处成立。

>>> 2002年

在2002年1月举行的年会上，确立了2002年为公司的"精品年"、"北京年"。

2002年3月，研祥结缘体育界，同时在甲A劲旅北京国安、深圳平安足球队主场投放广告。

2002年4月，研祥与Intel合作，共同打造中国EIP市场。

2002年4月19日，研祥在北京举办大型"2002年业务策略新闻发布会"，100多家媒体到场。

2002月5月，"研祥杯首界中国南北围棋网络对抗赛"开赛。

2002年5月28日－6月4日，"Intel、Evoc共同打造中国EIP市场研讨会"在北京、上海、深圳举办。

2002年6月24日，深圳市研祥智能科技股份有限公司西安分公司成立。

2002年7月，荣获"2002年中国IT用户服务满意度奖"及"2002年中国IT用户产品满意奖"。

2002年8月，公司产品被列入国家火炬计划及国家重点新产品。

>>> 2001年

1月10日－17日，2000年年会在深圳总部进行。会上对公司及产品进行了新的定位。调整并确定了2001年的市场策略。

2001年4月4日，深圳市研祥智能科技股份有限公司上海分公司

成立。

2001年4月18日，深圳市研祥智能科技股份有限公司成都分公司重庆办事处成立。

2001年4月25日，深圳市研祥智能科技股份有限公司广州分公司成立。

"EVOC"工控产品再次荣获科技进步一等奖。

10月，公司被评为"深圳市科技百强企业"及"深圳市300家最具成长性企业"。

>>> 2000年

2月13日—2月19日，1999年年会在深圳总部举行，会议对公司结构、市场运作作了重大调整，确立了研祥未来3年的发展目标。

公司再次通过高新技术企业认证。

产品荣获"科技进步一等奖"并被列为"工业产品重点发展项目"。

810整机通过国家权威机关的各项性能测试。

公司股份制改造完成。全称为：深圳市研祥智能科技股份有限公司。

2000年11月6日，深圳市研祥智能科技股份有限公司南京办事处成立。

>>> 1999年

产品通过国家科委组织的"科技成果鉴定"。

参加在德国汉诺威举行的全球工业自动化博览会（MESSE）。

1999年11月2日，深圳市研祥智能科技股份有限公司生产厂成立。

>>> 1998年

在国内同行业中，首家通过ISO9002国际质量体系认证。

成为中国仪器仪表学会团体会员。

参加在美国拉斯维加斯举行的COMEX展览会。

>>> 1997年

1997年8月4日，深圳市研祥智能科技股份有限公司北京分公司成立。

成为中国计算机学会工控机专委会团体会员。

1997年6月，深圳市研祥智能科技股份有限公司成都分公司成立。

R&D中心、配货中心在深圳设立。

>>> 1996年

成为国家工业PC开发委员会团体会员。

>>> 1993年

注册成立深圳研祥机电实业有限公司，注册地现为公司总部所在地。

附 录

后 记

从中国制造到中国创造

原商务部部长薄熙来说："中国生产出12亿件衬衣才能换回一架喷气式客机。中国要想从经济大国转变为经济强国，唯一的出路就是提高劳动生产率，降低成本，提升产品的技术水平，创造自主的知识产权品牌和价值，完成从中国制造到中国创造的再次腾飞的创业过程，才能最终实现中华民族的伟大复兴。"

如何才能实现中国创造？

首先，中国创造要智造。

智造就是创新观念，让大脑与时俱进，每天想着改变和革新。

任何行为的产生都是观念在先，目前中国市场上之所以模仿横行，就是因为一些人不想创新，不想付出艰苦的劳动，模仿别人简单，模仿产品成本很低，就是在这种"不劳而获"观念的支配下，中国制造艰难地站在"廉价"的世界舞台上。

其次，中国创造要建立激励机制。

要实现中国创造的理想，中国必须建立科技创新的机制，就是举国上下齐"创造"，从宏观到微观，从中央到地方，从科研院所到基层企业。建立起以科技为先导的制度和氛围，对重大发明贡献者予以重奖，对剽窃或破坏科技创新者予以重罚，把"中国创造"提到应有的高度，让人人参与，共同激励每个人发挥其聪明才智。

再次，以法律为纲，维护中国创造。

要想把中国创造建立起来并扶植下去，必须强化知识产权法律体系，特别是法律的实施，即法律的执行。如果中国只有美丽的法律条文而没有强有力的法律执行，中国创造只是一句空谈，令被侵犯的创造者心冷。

　　第四，中国创造必须要品牌化。

　　知识产权保护的核心内容主要是两项：一是技术创新；二是品牌创新。中国制造必须要走品牌化路线，走出"微笑曲线"的最低端，真正地从技术和品牌着手。

　　最后，中国创造就是创造出核心技术。

　　据《人民日报》2006年1月13日报道：2005年我国专利申请量达到47.06万件，较2004年增长了34.6%；商标申请量达到65万件。这两个数据加在一起，位居世界第一位，也创了全球知识产权申请量历史之最。但我们应该看到，我国申请的专利主要集中在实用新型和外观设计两个领域，创新的"含金量"并不高。在中国创造的舞台上，我们不仅追求量，更要追求质。

　　"创造"与"制造"仅仅是一字之差，其含义差之千里。中国要真正的富强，必须以创新为矛，以技术为盾，实现从"中国制造"到"中国创造"的蜕变。

作　者

2008年6月30日

173

后记